U0931455

课本里的作家

爱阅读
学生精读版
★★★★★

课本里的作家

断章

卞之琳／著

山东教育出版社
·济南·

图书在版编目（CIP）数据

断章 / 卞之琳著 . — 济南 : 山东教育出版社 ,
2023.5
（爱阅读 · 课本里的作家）
ISBN 978-7-5701-2511-1

Ⅰ. ①断… Ⅱ. ①卞… Ⅲ. ①阅读课—初中—教学参
考资料 Ⅳ. ①G634.333

中国国家版本馆 CIP 数据核字（2023）第 047285 号

DUAN ZHANG
断　章
卞之琳　著

主管单位：山东出版传媒股份有限公司
出版发行：山东教育出版社
地址：济南市市中区二环南路 2066 号 4 区 1 号　邮编：250003
电话：（0531）82092600　　　网址：www.sjs.com.cn
印　　刷：天津泰宇印务有限公司
版　　次：2023 年 5 月第 1 版
印　　次：2023 年 5 月第 1 次印刷
开　　本：700 mm × 1000 mm　1/16
印　　张：13
字　　数：156 千
定　　价：39.80 元

（如印装质量有问题，请与印刷厂联系调换）
印厂电话：022-29649190

影子

现在寒夜了，你看炉边的墙上
有个影子陪着我发呆：
也沉默也低头，到底是知己呵！
虽是神情恍惚了些，我以为，
这是你暗里打发来的，远迢迢，
远迢迢地到这古城里来的。

苦雨

茶馆老王懒得不开门：
小周躲在屋檐下等候，
隔了空洋车一排檐溜。
一把伞拖来了一个老人：
“早啊，今天还想卖烧饼？”
“卖不了什么也得走走。”

胡琴

不说话，
一个青年在
带些胡琴拉小调，
想叫哪个来
买一把，
有空好唱“笼中鸟”。

道旁

家驮在身上像一只蜗牛，
弓了背，弓了手杖，弓了腿，
倦行人挨近来问树下人
（闲看流水里流云的）：
“请教北安村打哪儿走？”

一个闲人

啊哈，你看他的手里
这两颗小核桃，多么滑亮，
轧轧地轧轧地磨着，磨着……
唉！不知磨过了多少时光？

放哨的儿童

把棍子在路口一叉，
“路条！”要不然，“查！”
认真，你们就不儿戏。
客气，来一个“敬礼！”
要不然，“村公所问话！”

总序

北京书香文雅图书文化有限公司的李继勇先生与我联系，说他们策划了一套《爱阅读·课本里的作家》丛书，读者对象主要是中小学生，可以作为学生的课外阅读用书，希望我写篇序。作为一名语文教育工作者，在中共中央办公厅、国务院办公厅印发《关于进一步减轻义务教育阶段学生作业负担和校外培训负担的意见》（以下简称“双减”）的大背景下，为学生推荐这套优秀课外读物责无旁贷，也更有意义。

一、“双减”以后怎么办?

“双减”政策对义务教育阶段学生的作业和校外培训作出严格规定。我认为这是一件好事。曾几何时，我们的中小学生作业负担重，不少学生不是在各种各样的培训班里，就是在去培训班的路上。学生“学”无宁日，备尝艰辛；家长们焦虑不安，苦不堪言。校外培训机构为了增强吸引力，到处挖掘优秀教师资源，有些老师受利益驱使，不能安心从教。他们的行为破坏了教育生态，违背了教育规律，严重影响了我国教育改革发展。教育是什么?教育是唤醒，是点燃，是激发。而校外培训的噱头仅仅是提高考试成绩，让学生在中高考中占得先机。他们的广告词是“提高一分，干掉千人”，大肆渲染“分数为王”，在这种压力之下，学生面对的是“分萧萧兮题海寒”，不得不深陷题海，机械刷题。假如只有一部分学生上培训班，提高的可能是分数。但是，如果大多数学生或者所有学生都去上培训班，那提高的就不是分数，而只是分数线。教育的根本任务是立德树人，是培根铸魂，是启智增慧，是让学生的德智体美劳全面发展，是培养社会主义建设者和接班人，是为中华民族伟大复兴提供人才，而不是培养只会考试的“机器”，更不能被资本所“绑架”。所以中央才“出重拳”“放实招”，目的就是要减轻学生过重的课业负担，减轻家长过重的经济和精神负担。

“双减”政策出台后，学生们一片欢呼，再也不用在各种培训班之间来回奔波了，但家长产生了新的焦虑：孩子学习成绩怎么办？而对学校老师来说，这是一个新挑战、新任务，当然也是新机遇。学生在校时间增加，要求老师提升教学水平，科学合理布置作业，同时开展课外延伸服务，事实上是老师陪伴学生的时间增加了。这部分在校时间怎么安排？如何让学生利用好课外时间？这一切考验着老师们的智慧。而开展各种课外活动正好可以解决这个难题。比如：热爱人文的，可以开展阅读写作、演讲辩论，学习传统文化和民风民俗等社团活动；喜爱数理的，可以组织科普科幻、实验研究、统计测量、天文观测等兴趣小组；也可以开展体育比赛、艺术体验（音乐、美术、书法、戏剧……）和劳动教育等实践活动。当然，所有的活动都应以培养学生的兴趣爱好为目的，以自愿参加为前提。学校开展课后服务，可以多方面拓展资源，比如博物馆、图书馆、科技馆、陈列馆、少年宫、青少年活动中心，甚至校外培训机构的优质服务资源，还可组织征文比赛、志愿服务、社会调查等，助力学生全面发展。

二、课外阅读新机遇

近年来，新课标、新教材、新高考成为语文教育改革的热词。我曾经看到一个视频，说语文在中高考中的地位提高了，难度也加大了。这种说法有一定道理，但并不准确。说它有一定道理，是因为语文能力主要指一个人的阅读和写作能力，而阅读和写作能力又是一个人综合素养的体现。语文能力强，有助于学习别的学科。比如数学、物理中的应用题，如果阅读能力上不去，读不懂题干，便不能准确把握解题要领，也就没法准确答题；英语中的英译汉、汉译英题更是考查学生的语言表达能力；历史题和政治题往往是给一段材料，让学生去分析、判断，得出结论，并表述自己的观点或看法。从这点来说，语文在中高考中的地位提高有一定道理。说它不准确，有两个方面的理由：一是语文学科本来就重要，不是现在才变得重要，之所以产生这种错觉，是因为在应试教育的背景下，语文的重要性被弱化了；二是语文考试的难度并没有增加，增加的只是阅读思维的宽度和广度，考查的是阅读理解、信息筛选、应用写作、语言表达、批判性思维、辩证思维等关键能力。可以说，真正的素质教育必须重视语文，因为语文是工具，是基础。不少家长和教师认为课外阅读浪费学习时间，这主要是教育观念问题。他们之所以有这种想法，无非是认为考试才是最终目的，希望孩子可以把更多时间用在刷题上。他们只看到课标和教材的变化，以为考试还是过去那一套，其实，考试评价已发生深刻变革。目前，考试评价改革与新课标、新教材改革是同向同行的，都是围绕立德树人做文章。中共中央、国务院印发的《深化新时代教育评价改革总体方案》明确指出："稳步推进中高考改革，构建引导学生德智体美劳全面发展的考试内容体系，改变相对固化的试题形式，增强试题开放性，减少死记硬背和'机械刷题'现象。"显然就是要用中高考"指挥棒"引领素质教育。新高考招生录取强调"两依据，一参考"，即以高考成绩和高中学业水平考试成绩为依据，以综合素质评价为参考。这也就是说，高考成绩不再是高校选拔新生的唯一标准，不只看谁考的分数高，而是看谁更有发展潜力、更有创造性，综合素质更高，从而实现由"招分"向"招人"的转变。而这绝不是仅凭一张高考试卷能够区分出来的，"机械刷题"无助于全面发展，必须在课内学习的基础上，辅之以内容广泛的课外阅读，才能全面提高综合素养。

三、"爱阅读"助力成长

这套《爱阅读·课本里的作家》丛书是为中小学生读者量身打造的，符合《义务教育语文课程标准》倡导的"好读书、读好书、读整本的书"的课改理念，可以作为学生课内学习的有益补充。我一向认为，要学好语文，一要读好三本书，二要写好两篇文，三要养成四个好习惯。三本书指"有字之书""无字之书""心灵之书"，两篇文指"规矩文"和"放胆文"，四个好习惯指享受阅读的习惯、善于思考的习惯、乐于表达的习惯和自主学习的习惯。古人说"读万卷书，行万里路"，实际上就是要处理好读书与实践的关系。对于中小学生来说，读书首先是读好"有字之书"。"有字之书"，有课本，有课外自读课本，还有"爱阅读"这样的课外读物。读书时我们不能眉毛胡子一把抓，要区分不同的书，采取不同的读法。一般说来，读法有精读，有略读。精读需要字斟句酌，需要咬文嚼字，但费时费力。当然也不是所有的书都需要精读，可以根据自己的需要决定精读还是略读。新课标提倡中小学生进行整本书阅读，但是学生往往不能耐着性子读完一整本书。新课标提倡的整本书阅读，主要是针对过去的单篇教学来说的，并不是说每本书都要从头读到尾。教材设计的练习项目也是有弹性的、可选择的，不可能有统一的"阅读计划"。我的建议是，整本书阅读应把精读、略读与浏览结合起来，精读重在示范，略读重在博览，浏览略观大意即可，三者相辅相成，不宜偏于一隅。不仅如此，学生还可以把阅读与写作、读书与实践、课内与课外结合起来。整本书阅读重在掌握阅读方法，拓展阅读视野，培养读书兴趣，养成阅读习惯。

再说写好两篇文。学生读得多了，素养提高了，自然有话想说，有自己的观点和看法要发表。发表的形式可以是口头的，也可以是书面的，书面表达就是写作。写好两篇文，一篇规矩文，一篇放胆文。规矩文重打基础，放胆文更见才气。规矩文要求练好写作基本功，包括审题、立意、选材、构思等，同时还要掌握记叙文、议论文、说明文、应用文的基本要领和写作规范。规矩文的写作要在教师的指导下进行。放胆文则鼓励学生放飞自我、大胆想象，各呈创意、各展所长，尤其是展现自己的写作能力、语言表达能力、批判性思维能力和辩证思维能力。放胆文的写作可以多种多样，除了大作文，也可以写小作文。有兴趣的学生还可以进行文学创作，写诗歌、小说、散文、剧本等。

学习语文还要养成四个好习惯。第一，享受阅读的习惯。爱阅读非常重要，每个同学都应该有自己的个性化书单。有的同学喜欢网络小说也没有关系，但需要防止沉迷其中，钻进“死胡同”。这套《爱阅读·课本里的作家》丛书，给中小学生课外阅读提供了大量古今中外的名家名作。第二，善于思考的习惯。在这个大众创业、万众创新的时代，创新人才的标准，已不再是把已有的知识烂熟于心，而是能够独立思考，敢于质疑，能够自己去发现问题、提出问题和解决问题，需要具有探究质疑能力、独立思考能力、批判性思维和辩证思维能力。第三，乐于表达的习惯。表达的乐趣在于说或写的过程，这个过程比说得好、写得完美更重要。写作形式可以不拘一格，比如作文、日记、笔记、随笔、漫画等。第四，自主学习的习惯。我的地盘我做主，我的语文我做主。不是为老师学，也不是为父母长辈学，而是为自己的精神成长学，为自己的未来学。

愿广大中小学生能借助这套《爱阅读·课本里的作家》丛书，真正爱上阅读，插上想象的翅膀，飞向未来的广阔天地！

顾之川

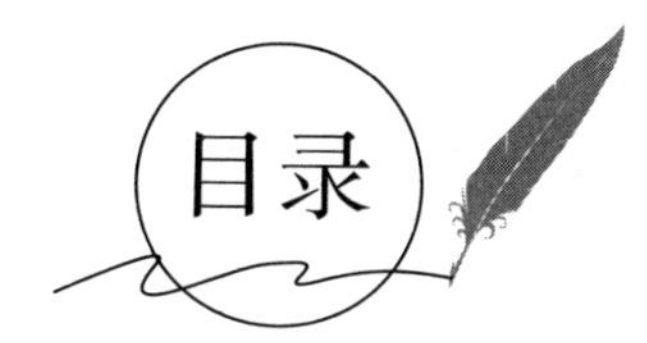

我爱读课文

作家经典作品

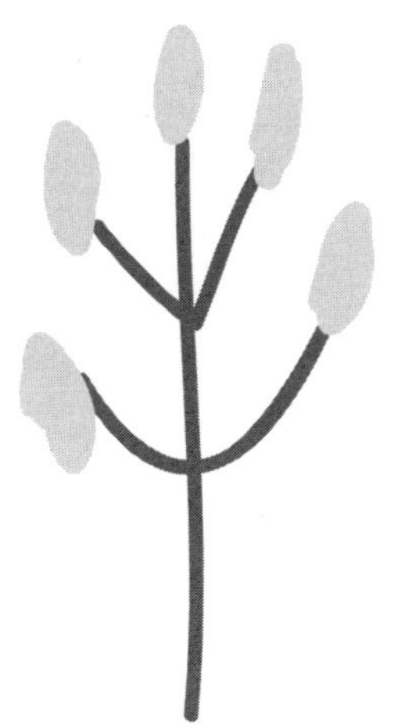

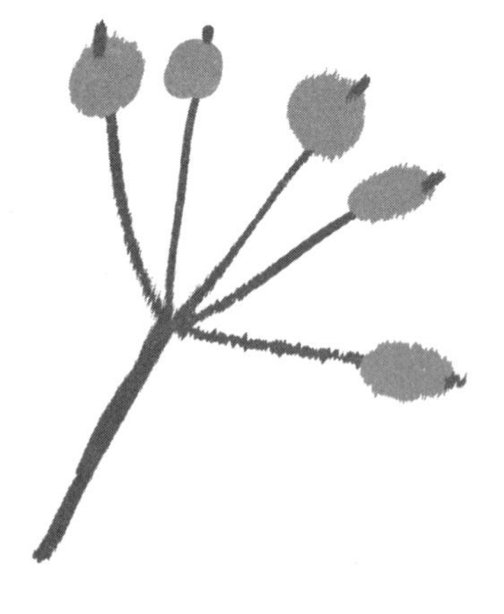

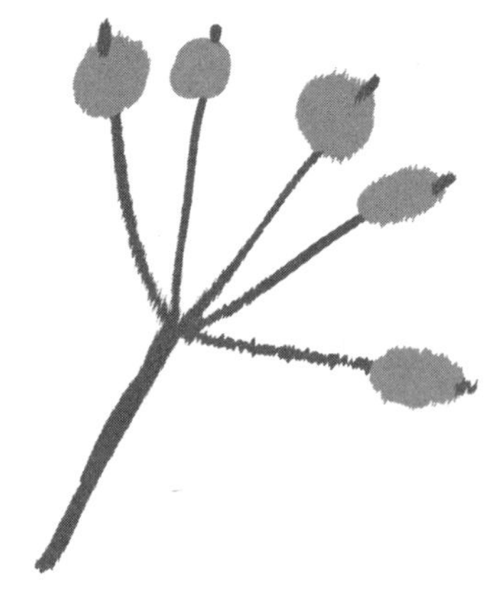

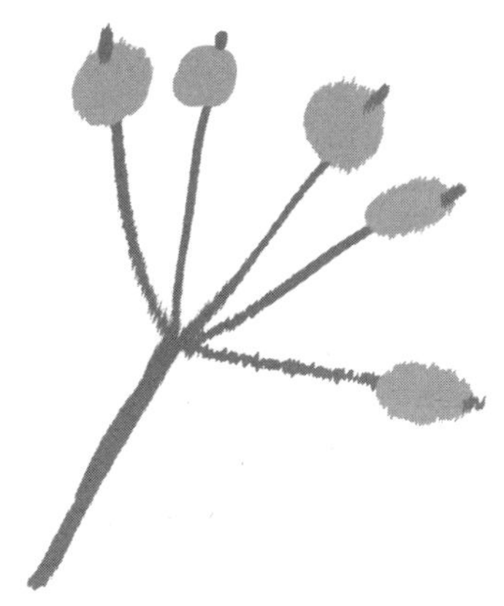

我爱读课文

原文赏读

断 章

体　　裁：现代诗歌
作　　者：卞之琳
创作时间：1935 年
作品出处：部编版语文九年级（下册）
内容简介：这是一首意蕴丰富而又朦胧的短诗。诗人在诗中熔铸了浓厚的哲学思辨意识。

读前导航

阅读准备

卞之琳是现代派诗歌的代表人物。他的诗歌结构精巧、联想丰富、言简意赅，不同的意象组合在一起使诗歌的内容具有跳跃性，尤其注意理智化、戏剧化和哲理化，善于从日常生活中发现诗的内容并进一步挖掘出常人意想不到的深刻内涵。

抗日战争期间，他的诗风有所转变，多为一些歌唱人民的战斗生活的诗作。

卞之琳的诗句都是用白话文写成的，但是他对词语的缩减、省略，使得作品内容理解难度加大，但这正是他诗歌艺术魅力的表现。

目标我知道

学习目标	了解作者卞之琳的生平及创作 了解现代短诗的基本特点，抓住意象，初步探究鉴赏诗歌的创作技巧
学习重点	准确识记并默写这首短诗 体味诗歌丰富的意象和深刻细腻的思想感情
学习难点	联系生活，体会诗歌的内容 用准确生动的语言分析诗歌的主旨，把握诗歌的哲思
情感培养	品味诗歌意象，做热爱生活的人

背景我来探

本诗是现代诗人卞之琳于1935年10月创作的。据作者自述，这四行诗原在一首长诗中，但全诗仅有这四行使他满意，于是，他将其抽出来独立成章，标题也由此而来。以“断章”为题，看似一般，实则妙语双关。其一，指这是从一首完整的长诗中抽出来的片断；其二，指人们心中那份失落的、难以言传的情感，而这份内心独特的感受往往能触动人类内心最柔软的地方。

精彩赏读

课本原文

断章

你站在桥上看风景，
看风景的人在楼上看你。[1]

[1] 这一句为实写。

句解：这句诗描绘的是一幅白日游人观景的画面。由“看”和“风景”构成联系，“你站在桥上看风景”，你为赏景的人；但对于楼上的人来说，桥上的“你”又成了他们眼中的风景。

明月装饰了你的窗子，
你装饰了别人的梦。[2]

【装饰】在身体或物体的表面加些附属的东西，使美观。

[2] 这一句为虚写。

句解：第二个画面由“装饰”建立关联，“明月装饰了你的窗子”，但对于梦见“你”的人来说，“你”则像窗外的明月一样，“装饰”了他们的“梦”。

作品赏析

《断章》是中国现代文学史上文字简短，却意蕴丰富而又富有朦胧美的一首短诗。诗人在诗中熔铸了浓厚的哲学思辨意识，启迪我们：事物之间相互依存、相互转化，并不是孤立和绝对存在的。诗人通过描绘两组意象，构成两个画面，是水墨丹青画，亦是构图匀称的风物素描。其画面感与空间感，意境深邃悠远，又有着西方诗歌的暗示性，使得诗歌含蓄深沉，颇具情调。

积累与表达

名家点评

1. 我们诗人对于人生的解释，都是在装饰。

——李健吾《咀华集》

2. 所谓“一花一世界”，短短两句四行诗，却独步整个现代新诗界。整首诗将一个相对性的世界融入一幅精美的平方风景画中，有桥有月、有人有梦，和谐自然。读者在不同的境遇与迥异的心境下阅读这首诗会产生不同的体会与回响，这就是诗歌阐释的“不确定性”带来的极大魅力。

——刘茉琳

3. 它是以两组具体物象构成的图景中主客位置的调换，隐藏了诗人关于人生、事物、社会等存在的相对关联关系的普遍性哲学的思考。在诗人看来，一切事物都不是孤立的存在，而是与其他事物相对关联而存在的，事物相对关联与运动的变化是永恒的规律。

——孙玉石

读后感想

读《断章》有感

《断章》是中国现代诗人卞之琳的名篇。此诗只是诗人刹那间的感想，但内涵丰富。虽然只有四行，却引发无数人对它的诠释，从文学、社会、心理等角度去探索这首诗的意境和诗人的内心。

“你站在桥上看风景，看风景的人在楼上看你。”写了一个平常而浅显的现象：当你在仰望和羡慕别人的幸福时，一回头，却发现自己正被别人仰望和羡慕着。人世间就是充满这样的不可思议，我们往往会忽略自己的幸福，只关注眼中他人的幸福。其实，我们不必艳羡他人，不必抱怨命运，顾影自怜，要学会发现自己的幸福，或用自己的手为自己创造一片幸福的蓝天！

“明月装饰了你的窗子，你装饰了别人的梦。”初读时，一幅没有明丽色彩的素描画卷涌现眼前——明月照进了我的窗子，而我走进了别人的梦，给别人带来了欢愉，自己也获得了愉悦，因为这似乎也是自我小小价值的体现。

社会生活中，人们是相互依赖、相互依存的，并不是孤立和绝对存在的。我们在被别人影响的同时，也同样影响着别人。因此，我们要时刻注意自己的言行，做好榜样。

物与我、我与他、他与你都被织在密密麻麻的网中，我们静静地看风景，也静静地成为别人的风景。其实这样的画面看起来很唯美，不是吗？

精彩语句

你站在桥上看风景，看风景的人在楼上看你。

明月装饰了你的窗子，你装饰了别人的梦。

作者用大量篇幅对卞之琳这首诗做了详细的解析，并阐述自己的看法，可见诗中蕴含的哲理和情感引人深思。

妙笔生花

读了卞之琳的《断章》，你有何感想呢？动动手中的笔，写下来吧！

知识乐园

一、阅读诗歌，回答下列问题。

1.对这首诗的赏析，不恰当的一项是（　　）。

A.诗中形象地揭示了人与“风景”的关系：人是“风景”（即大自然）的重要组成部分。“风景”里有了“人”，“风景”才会有灵气，才更生动。

B.人不自觉地充当了风景中的一部分而被他人欣赏，人也不自觉地成了别人梦境的装饰，在人生的舞台上，人往往想成为主动者，孰料常处于被动地位。

C.全诗共四行，分为两个段落，分别静态地呈现两幅画面：一是白天的景象，一是夜晚的景象。诗歌在一种被分割而又体现出统一的生活时空上创造意象，这种构思方式取得了以少胜多、以简写繁的艺术效果。

D.在“楼上人”的眼里，“你”比“风景”更美；在“楼上人”的心中，“你”的皎洁妩媚胜过了“明月”。全诗虽无一个“美”字，但“美”的形象已从读者的想象中凸现出来。

2.对这首诗主旨的赏析，不恰当的一项是（　　）。

A.这首诗表现了一种被别人或社会当作装饰品的深沉的人生悲哀。

B.这首诗以超然而珍惜的感情，写了一刹那的意境，寄寓了深刻的哲理。

C.这首诗表现了人物、事物间息息相关、相互依存、相互作用的关系。

D.这首诗以两幅优美的画面隐喻，暗示着人生中许多“相对”

的关系。

3. 这首诗描绘了哪两幅画面？

二、想一想，这首诗给予你怎样的人生启迪呢？

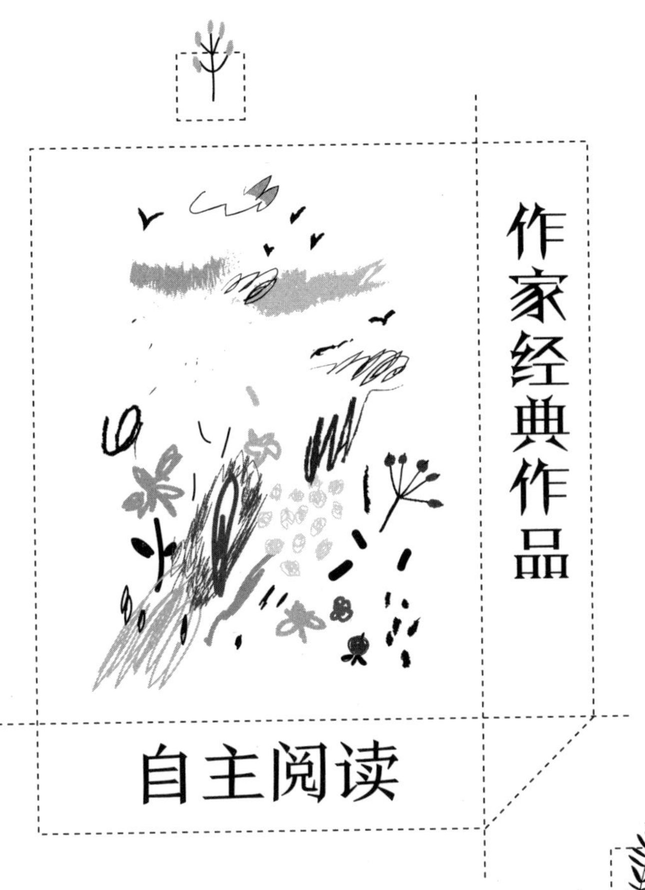

作家经典作品

自主阅读

落

在你呵，似曾相识的知心，
在你的眼角里，一颗水星
我发现了，像是在黄昏天
当秋风已经在道上走厌，
嘘着长气，倚着一丛芦苇
天心里含着的摇摇欲坠
摇摇欲坠的孤泪。我真愁，
怕它掉下来向湖心里投。
那不要紧？可是我的平静——
唉，真掉下了我这颗命运！

一九三一年

雪

不知道六出花如何结晶，
只见从早起一天的郁抑，
到晚来一杯过饱和溶液！
还等一声梆冷然的敲击？

任大家欣赏它的沉淀，
欣赏它随后展开的晴明，
天无言。善哉你临风感拜，
虽然我瞥见你清泪盈盈。

一九三七年三月七日

泪

巷中人与墙内树
彼此岂满不相干？
岂止沾衣肩掉一滴宿雨？
人并非无泪，
而明白露水姻缘。
你来画一笔切线，
我为你珍惜这空虚的一点，
像珠像泪——
人不妨有泪。

一九三七年三月

倦

忙碌的蚂蚁上树，
蜗牛寂寞的僵死在窗槛上
看厌了，看厌了；
知了，知了只叫人睡觉。

蟪蛄不知春秋，
可怜虫亦可以休矣！
至多像残余的烟蒂头
在绿苔地上冒一下蓝烟吧？

被时光遗弃的华梦
该闭在倦眼的外边了。

一九三三年

望

小时候我总爱望夏日的晴空，
　把它当作是一幅自然的地图：
　蓝的一片是大洋，白云一朵朵
大的是洲，小的是岛屿在海中；
大陆上颜色深的是山岭山丛，
　许多孔隙裂缝是冷落的江湖，
　还有港湾像在望风帆的归途，
等它们报告发现新土的成功。

如今，正像是老话的沧海桑田，
满怀的花草换得了一把荒烟，
　就是此刻我也得像一只迷羊，
带着一身灰沙，幸亏还有蔚蓝，
还有仿佛的云峰浮在缥缈间，
　倒可以抬头望望这一个仙乡。

一九三一年七—八月

投

独自在山坡上，
小孩儿，我见你
一边走一边唱。
全都厌了，随地
捡一块小石头
向山谷中一投。

也说不定有人，
小孩儿，曾把你
（也不爱也不憎）
好玩地捡起，
像一块小石头，
向尘世一投。

一九三一年

归

像一个天文家离开了望远镜，
从热闹中出来听自己的足音。
莫非在自己圈子外的圈子外？
伸向黄昏去的路像一段灰心。

一九三五年一月

路

路啊，足印的延长，
如音调成于音符，
无声有声我重弄，
像细数一串念珠。

穿过亭，穿过桥，停！
这里我丢过东西：
一本小小的手册，
多少故旧的住址。

记得在什么地方
我掏过一掬繁华。
走了十步，二十步：
原来是一朵好花！……

也罢，给埋在草里，
既厌了“空持罗带”。
天上星流为流星，
白船迹还诸蓝海。

一九三七年五月

月 夜

月亮已经高了，
回去吧，时候
真的是不早了。
摸摸看，石头
简直有点潮了，
你看，我这手。

山是那么淡的，
灯又不大亮，
看是值得看的，
小心着了凉，
那我可不管的，
怎么，你尽唱！

一九三一年

夜　风

一阵夜风孤零零
爬过了山巅，
摸到了白杨树顶，
拨响了琴弦，
奏一曲“满城冷雨”，
你听，要不然
准是诉说那咽语——
冷涧的潺湲：
你听，潺湲声激动
破阁的风铃，
仿佛悲哀的潮涌
摇曳着怆心。
啊，这颗心叮当响，
莫非是，朋友，
是你的吗？你这样
默默的垂头——
你听，夜风孤零零
走过了窗前，
踉跄地踩着虫声，
哭到了天边。

一九三一年

新　秋

我道是谁呀，
灰淡的白云下
轻轻打着哨，
摸摸墙头草
又拉拉牵牛花，
一见我便溜，
那么样害羞！
原来是你呵，
一夜雨刚停住，
我还在床上，
你早来唱唱
又摇摇那小树，
等我走出来，
一笑又走开。

还只三天呢，
就跟我这样熟，
倚在我身边
看我学抽烟，

你倒像很寂寞，
陪你玩也好，
你可不要老。

一九三一年七—八月

海　愁

记得我告别大海，
她把我摇摇：
“去吧，一睡就远了，
游大陆也好。”

“不见我也不用怕，
如果你生病，
朋友也不在身边，
告我，托白云。”

“记好，我总关心你，
一定向蓝天
放出一小叶银帆
航到你窗前。”

如今我真想老家，
我埋怨白云：
他告我：“秋天到了，
大海也生病。”

一九三二年九月十二日

秋 窗

像一个中年人
回头看过去的足迹
一步一沙漠，
从乱梦中醒来，
听半天晚鸦。

看夕阳在灰墙上，
想一个初期肺病者
对暮色苍茫的古镜
梦想少年的红晕。

一九三三年十月二十六日

入梦

设想你自己在小病中
（在秋天的下午）
望着玻璃窗片上
灰灰的天与疏疏的树影，
枕着一个远去了的人
留下来的旧枕，
想着枕上依稀认得清的
淡淡的湖山
仿佛旧主的旧梦的遗痕，
仿佛风流云散的
旧友的渺茫的行踪，
仿佛往事在褪色的素笺上
正如历史的陈迹在灯下
老人面前昏黄的古书中……
你不会迷失吗
在梦中的烟雨？

一九三三年十一月十二日

影　子

一秋天，唉，我常觉得
身边仿佛丢了件什么东西，
使我更加寂寞了：是个影子，
是的，丢在那江南的田野中，
虽是瘦长点，你知道，那就是
老跟着你在斜阳下徘徊的。

现在寒夜了，你看炉边的墙上
有个影子陪着我发呆：
也沉默也低头，到底是知己呵！
虽是神情恍惚了些，我以为，
这是你暗里打发来的，远迢迢，
远迢迢地到这古城里来的。

我也想送个影子给你呢，
奈早已不清楚了：你在哪儿。

一九三〇年

苦雨

茶馆老王懒得不开门：
小周躲在屋檐下等候，
隔了空洋车一排檐溜。
一把伞拖来了一个老人：
“早啊，今天还想卖烧饼？”
“卖不了什么也得走走。”

一九三二年九月十三日

夜雨

我的灵魂踯躅在街头，
雨啊，你淋得他好重！
他如今仍然在走呢，
快要一步也走不动了，
可怜！他全身在抖呢。

他还驮着梦这娇娃，
走一步掉下来一点泪，
还不曾找着老家呢，
雨啊，他已经太累了，
但怎好在路上歇下呢？

一九三一年

群　鸦

啊，冷北风里的群鸦，
哪儿去，哪儿去，
哪儿是你们的老家？

啊，冷北风里的群鸦
落叶似的盘旋，
要降下了又不降下。

啊，冷北风里的群鸦，
活该！你们领着
惨淡的寒天来干吗？

啊，冷北风里的群鸦，
也罢，给我衔去，
衔去我扔掉的残花！

啊，冷北风里的群鸦
飘远了，一点点
消失在苍茫的天涯。

一九三〇年

黄 昏

闷人的房间
渐渐，又渐渐
　　小了，又小，
缩得像一所
半空的坟墓——
　　啊，怎么好！

幸亏有寒鸦
拍落几个“哇”
　　跟随了风
敲颤了窗纸，
我劲儿一使，
　　推开了梦。

炉火饿死了，
昏暗把持了
　　一屋冷气，
我四顾苍茫，
像在荒野上

　　不辨东西，
乃头儿低着，
酸腿儿提着，

　踱去踱来，
不知为什么
呕出了一个
　　乳白的“唉”。

一九三一年十月

过 节

叫我哪儿还得了这许多，
你来要账，他也来要账！
门上一阵响，又一阵响。
账条吗，别在桌子上笑我，
反正也经不起一把烈火。
管他！到后院去看月亮。[1]

一九三二年九月十三日

① 旧俗中秋是赏月佳节，也是店铺结账、讨账时节。——作者注

叫 卖

可怜门里那小孩，
妈妈不准他出来。
让我来再喊两声：
　小玩意儿，
　好玩意儿！……
唉！又叫人哭一阵。

一九三二年九月十七日

春　城

北京城：垃圾堆上放风筝，
描一只花蝴蝶，描一只鹞鹰
在马德里蔚蓝的天心，①
天如海，可惜也望不见你哪
京都！②——

倒霉！又洗了一个灰土澡，
汽车，你游在浅水里，真是的，
还给我开什么玩笑？

对不住，这实在没有什么，
那才是胡闹（可恨，可恨）：
黄毛风搅弄大香炉，
一炉千年的陈灰
飞，飞，飞，飞，飞，
飞出了马，飞出了狼，飞出了虎，

① 仿佛记得厨川白村说过北京似马德里。——作者注

② 因想到我们当时的“善邻”而随便扯到，其实京都的天并不甚蓝，一九三五年在那里住了以后才知道。——作者注

满街跑，满街滚，满街号，
扑到你的窗口，喷你一口，
扑到你的屋角，打落一角，
一角琉璃瓦吧？——

“好家伙！真吓坏了我，倒不是
一枚炸弹——哈哈哈哈！”
“真舒服，春梦做得够香了不是？
拉不到人就在车磴上歇午觉，
幸亏瓦片儿倒还有眼睛。”
“乌矢儿也有眼睛——哈哈哈哈！”

哈哈哈哈，有什么好笑，
歇斯底里，懂不懂，歇斯底里！
悲哉，悲哉！
真悲哉，小孩子也学老头子，
别看他人小，垃圾堆上放风筝，
他也会“想起了当年事……”
悲哉，听满城的古木
徒然的大呼，
呼啊，呼啊，呼啊，
归去也，归去也，
故都故都奈若何！……
我是一只断线的风筝，
碰到了怎能不依恋柳梢头，
你是我的家，我的坟，

要看你飞花，飞满城，
让我的形容一天天消瘦。

那才是胡闹，对不住；且看
北京城：垃圾堆上放风筝。
昨儿天气才真是糟呢，
老方到春来就怨天，昨儿更骂天
黄黄的压在头上像大坟，
老崔说看来势真有点不祥，你看
漫天的土吧，说不定一夜睡了
就从此不见天日，要待多少年后
后世人的发掘吧，可是
今儿天气才真是好呢，
看街上花树也坐了独轮车游春，①
春完了又可以红纱灯下看牡丹。
（他们这时候正看樱花吧？）
天上是鸽铃声——
蓝天白鸽，渺无飞机，
飞机看景致，我告诉你。
绝不忍向琉璃瓦下蛋也……

北京城：垃圾堆上放风筝。

一九三四年四月十一日

① 北平春天街头常见为豪门送花的独轮车。——作者注

对照

设想自己是一个哲学家，
见道旁烂苹果得了安慰——
地球烂了才寄生了人类，
学远塔，你独立山头对晚霞。

今天却尝了新熟的葡萄，
酸吧？甜吧？让自己问自己，
新秋味加三年的一点记忆，
懒躺在泉水里你睡了一觉。

一九三四年

寂 寞

乡下小孩子怕寂寞，
枕头边养一只蝈蝈；
长大了在城里操劳，
他买了一个夜明表。

小时候他常常羡艳
墓草做蝈蝈的家园；
如今他死了三小时，
夜明表还不曾休止。

一九三五年十月二，十六日

淘　气

淘气的孩子，有办法：
叫游鱼啮你的素足，
叫黄鹂啄你的指甲，
野蔷薇牵你的衣角……

白蝴蝶最懂色香味
寻访你午睡的口脂。
我窥候你渴饮泉水
取笑你吻了你自己。

我这八阵图好不好？
你笑笑，可有点不妙，
我知道你还有花样——

哈哈！到底算谁胜利？
你在我对面的墙上
写下了“我真是淘气”。[①]

一九三七年

① 旧时顽童往往在墙上写“我是乌龟”之类，使行人读了上当。——作者注

灯虫

可怜以浮华为食品，
小蠓虫在灯下纷坠，
不甘淡如水，还要醉，
而抛下露养的青身。

多少艘艨艟一齐发，
白帆篷拜倒于风涛，
英雄们求的金羊毛
终成了海伦的秀发。

赞美吧，芸芸的醉仙
光明下得了梦死地，
也画了佛顶的圆圈！

晓梦后看明窗净几，
待我来把你们吹空
像风扫满阶的落红。

一九三七年五月

足 迹

蜜蜂的细腿已经拨起了
多少只果子，而你的足迹呢，
沙上一排，雪上一排，
全如水蜘蛛织过的水纹？

一九三七年

奈　何

（黄昏与一个人的对话）

“我看见你乱转过几十圈空磨，
看见你尘封座上的菩萨也做过，
你叫床铺把你的半段身体托住
也好久了，现在你要干什么呢？”
“真的，我要干什么呢？”

“你该知道吧，我先是在街路边，
不知怎的，回到了更清冷的庭院。
又到了屋子里，又挨近了墙跟前，
你替我想想看，我哪儿去好呢？”
“真的，你哪儿去好呢？”

一九三〇年

记 录

现在又到了灯亮的时候。
我喝了一口街上的朦胧，
倒像清醒了，伸一个懒腰，
挣脱了多么沉重的白日梦。

从远处送来了一声“晚报！”
我吃了一惊，移乱了脚步，
丢开了一片皱褶的白纸：
去吧，我这一整天的记录！

一九三〇年

傍晚

倚着西山的夕阳，
站立着要倒的庙墙，
对望着：想要说什么呢？
怎又不说呢？

驮着老汉的瘦驴
匆忙地赶回家去，
脚蹄儿敲打着道儿——
枯涩的调儿！

半空里哇的一声，
一只乌鸦从树顶
飞起来，可是没有话了，
依旧息下了。

一九三〇年

寒 夜

一炉火。一屋灯光。
老陈捧着个茶杯，
对面坐的是老张。
老张衔着个烟卷。
老陈喝完了热水。
他们（眼皮已半掩）
看着青烟飘荡的消着，
又（像带着醉）
看着煤块很黄地烧着。
他们是昏昏沉沉的，
像已半睡……
当！
哪儿来的钟声？
又一下。再来一下……
沙沙，有人在院内
跑着："下雪了，真大！"

一九三〇年

远　行

如果乘一线骆驼的波纹
涌上了沉睡的大漠，
当一串又轻又小的铃声
穿进了黄昏的寂寞，

我们便随地搭起了篷帐，
让辛苦酿成了酣眠，
又酸又甜，浓浓的一大缸，
把我们浑身都浸遍：

不用管能不能梦见绿洲，
反正是我们已烂醉；
一阵飓风抱沙石来偷偷
埋了我们倒也干脆。

一九三〇年

音尘

绿衣人熟稔地按门铃
就按在住户的心上：
是游过黄海来的鱼？
是飞过西伯利亚来的雁？
“翻开地图看。”远人说。
他指示我他所在的地方
是那条虚线旁那个小黑点。
如果那是金黄的一点，
如果我的坐椅是泰山顶，
在月夜，我要猜你那儿
准是一个孤独的火车站。
然而我正对一本历史书。
西望夕阳里的咸阳古道，
我等到了一匹快马的蹄声。

一九三五年十月二十六日

大车

拖着一大车夕阳的黄金，
骡子摇摆着踉跄的脚步，
穿过无边的疏落的荒林，
无声地扬起一大阵黄土，

叫坐在远处的闲人梦想
古代传下来的神话里的英雄
腾云驾雾去不可知的远方——
古木间涌出了浩叹的长风！

一九三二年十月十九日

航　海

轮船向东方直航了一夜，
大摇大摆地拖着一条尾巴，
骄傲地请旅客对一对表——
“时间落后了，差一刻。”
说话的茶房大约是好胜的，
他也许还记得童心的失望——
从前院到后院和月亮赛跑。
这时候睡眼蒙眬的多思者
想起在家乡认一夜的长度
于窗槛上一段蜗牛的印迹——
“可是这一夜却有二百海里？”

一九三五年十月二十六日

妆 台

世界丰富了我的妆台，
宛然水果店用水果包围我，
纵不费气力而俯拾即是，
可奈我睡起的胃口太弱?

游丝该系上左边的檐角。
柳絮别掉下我的盆水。
镜子，镜子，你真是可恼，
让我先给你描两笔秀眉。

可是从每一片鸳瓦的欢喜
我了解了屋顶，我也明了
一张张绿叶一大棵碧梧——
看枝头一只弄喙的小鸟!

给那件新袍子一个风姿吧。
"装饰的意义在失却自己，"

谁写给我的话呢？别想了——
讨厌！“我完成我以完成你。”

一九三七年五月

水 分

蕴藏了最多水分的，海绵，
容过我童年最大的崇拜，
好奇心浴在你每个隙间，
我记得我有握水的喜爱。

忽然我关怀出门的旅人：
水瓶！让骆驼再多喝几口！
愿你海绵一样的雨云
来几朵，跟在他们的尘后！

云在天上，熟果子在树上！
仰头想吃的，凉雨先滴他！
谁教挤一滴柠檬，然后尝
我这杯甜而无味的红茶？

我敬你一杯，酒吧？也许是。
昨夜我做了浇水的好梦：
不要说水分是柔的，花枝，
抬起了，抬起了，你的愁容！

一九三七年

长 途

一条白热的长途
伸向旷野的边上，
像一条重的扁担
压上挑夫的肩膀。

几丝持续的蝉声
牵住西去的太阳，
晒得垂头的杨柳
呕也呕不出哀伤。

快点走，快点走吧，
那边有卖酸梅汤，
去到那绿荫底下，
喝一杯，再乘乘凉。

几丝持续的蝉声
牵住西去的太阳，
晒得垂头的杨柳
呕也呕不出哀伤。

暂时休息一下吧，
这儿好让我们躺，
可是静也静不下，
又不能不向前望。

一条白热的长途
伸向旷野的边上，
像一条重的扁担
压上挑夫的肩膀。

一九三一年

胡　琴

秋风里
冷静的街头
咿咿呀呀的一阵
胡琴的哀愁
低诉与
脚踏落叶的行人。

不说话，
一个青年在
带些胡琴拉小调，
想叫哪个来
买一把，
有空好唱“笼中鸟”。

我尽走，
不想买胡琴，
痴看衰草在墙上，
寒鸦在树顶，
想寻求
算命小锣的铛铛。

一九三一年九—十月

登 城

朋友和我穿过了芦苇，
走上了长满乱草的城台。
守台的老兵和朋友攀谈：
“又是秋景了，芦苇黄了……”
大家凝望着田野和远山。
正合朋友的意思，他不愿
揭开老兵怀里的长历史，
我对着淡淡的斜阳，也不愿
指点远处朋友的方向，
只说：“我真想到外边去呢！”
虽然我自己也全然不知道
上哪儿去好，如果朋友
问我说：“你要上哪儿去呢？”
当我们低下头来看台底下
走过了一个骑驴的乡下人。

一九三二年十月十五日

还　乡

“大狗叫，小狗跳，”
阿西他们的声音也许在摇
窗外的杨柳。

什么！前头是奔牛站吗？
还有多少站？——一站两站……

眼底下绿带子不断地抽过去，
电杆木量日子一段段溜过去。

总喜欢向窗外发呆，
小时候我在教室里
常常把白云当作我的书页。

眼底下绿带子不断地抽过去。

真的，火车头常使我
想起瓦特的开水壶。

“你瞧，壶盖动了，瓦特哥哥，
我知道你肚子里有诡计，
别尽装瞌睡哪！”
奈端伯伯的瞌睡，
被一只苹果打断了！

“漂在海上的不是树枝吗，
哥伦布，哥伦布？”

眼底下绿带子不断地抽过去。

可不是，孩子们窗口的天边
总是那么遥远啊。

眼底下绿带子不断地抽过去，
电杆木量日子一段段溜过去。
那时候老祖父最疼我。
老年人的身体是一只风雨表：
你瞧他眉头一皱天就阴了。
又到了什么站了？
我还记得：“好孩子，
抱你的小猫来，
让我瞧瞧他的眼睛吧——
是什么时候了？”

一九三三年七月二日，北平

半 岛

半岛是大陆的纤手，
遥指海上的三神山。
小楼已有了三面水
可看而不可饮的。
一脉泉乃涌到庭心，
人迹仍描到门前。
昨夜里一点宝石
你望见的就是这里。
用窗帘藏却大海吧，
怕来客又遥望出帆。

一九三七年三月

车 站

抽出来，抽出来，
从我的梦深处
又一列夜行车。
这是现实。
古人在江边叹潮来潮去：
我却像广告纸贴在车站旁。
孩子，听蜜蜂在窗内着急，
活生生钉一只蝴蝶在墙上
装点装点我这里的现实。
曾经弹响过脆弱的钢丝床，
曾经叫我梦到过小地震。
我这串心跳，我这串心跳，
如今莫非是火车的怔忡？
我何尝愿意做梦的车站！

一九三七年四月

睡　车

睡车，你载了一百个睡眠；
你同时还载了三十个失眠——
我就是一个，我开着眼睛。
撇下了身体的三个同厢客，
你们飞去了什么地方？
喂，你杭州？你上海？你天津？
我仿佛脱下了旅衣的老江湖
此刻在这里做了店小二。

一九三七年四月

道旁

家驮在身上像一只蜗牛，
弓了背，弓了手杖，弓了腿，
倦行人挨近来问树下人
（闲看流水里流云的）：
“请教北安村打哪儿走？”

骄傲于被问路于自己，
异乡人懂得水里的微笑；
又后悔不曾开倦行人的话匣[①]
像家里的小弟弟检查
远方回来的哥哥的行箧。

一九三四年八月四日，显龙山

① 北京旧时土语把留声机或唱机叫“话匣子”；滔滔不绝地讲话。也叫“开话匣”。——作者注

尺　八

像候鸟衔来了异方的种子，
三桅船载来了一支尺八，
从夕阳里，从海西头。
长安丸载来的海西客
夜半听楼下醉汉的尺八，
想一个孤馆寄居的番客
听了雁声，动了乡愁，
得了慰藉于邻家的尺八，
次朝在长安市的繁华里
独访取一支凄凉的竹管……
（为什么霓虹灯的万花间
还飘着一缕凄凉的古香？）
归去也，归去也，归去也——
像候鸟衔来了异方的种子，
三桅船载来了一支尺八，
尺八乃成了三岛的花草。
（为什么霓虹灯的万花间
还飘着一缕凄凉的古香？）
归去也，归去也，归去也——
海西人想带回失去的悲哀吗？

一九三五年六月十九日

芦叶船

古国的凉风
吹落了人手里的蒲扇，
浸在海里的人
也该上陆了，
脱下了游泳衣。

留下一两行足印
在沙滩上
让贝壳去盘踞吧。

说是没有海螺壳，
顽皮的孩子还梦想
在海上回来的怀里
听海呢——

可以害羞了，
这时候只合看黄叶
在水上漂，
不再想

十年前的芦叶船
漂去了哪儿。
海外的远客
也厌看远帆了？

一九三三年八月十七日

水成岩

水边人想在岩上刻一点字迹：

大孩子见小孩子可爱，
问母亲“我从前也是这样吗？？”

母亲想起了自己发黄的照片
堆在尘封的旧桌子抽屉里，

想起了一架的瑰艳
藏在窗前十瘪的扁豆荚里，

叹一声“悲哀的种子！”

“水哉，水哉！”沉思人忽叹
古代人的感情像流水，
积下了层叠的悲哀。

一九三四年八月

雨同我

“天天下雨，自从你走了。”
“自从你来了，天天下雨。”
两地友人雨，我乐意负责。
第三处没消息，寄一把伞去？

我的忧愁随草绿天涯：
鸟安于巢吗？人安于客枕？
想在天井里盛一只玻璃杯，
明朝看天下雨今夜落几寸。

一九三七年五月

墙头草

五点钟贴一角夕阳，
六点钟挂半轮灯光，
想有人把所有的日子
就过在做做梦，看看墙，
墙头草长了又黄了。

一九三二年十月十九日

一城雨

一城雨正在抚慰着你；
你如今皱着眉，望天宇，
一个人枯坐在屋子里，
或是在冷清清的街衢，
撑着伞，走向东，走向西，
你总会觉得罢，一城雨
正在轻柔地抚慰着你；
要不然你为甚不言语，
不管你再想起不想起
“我要上哪儿去，哪儿去？”
你看，你真的像着了迷，
出了神，呆听着一城雨。

一九三一年

寄流水

从秋街的败叶里
清道夫扫出了
一张少女的小影；

是雨呢还是泪
朦胧了红颜
谁知道！但令人想起
古屋中磨损的镜里
认不真的愁容；

背面却认得清
“永远不许你丢掉！”

“情用劳结，”唉，
别再想古代美女的情书
沦落在蒲昌海边的流沙里
叫西洋的浪人捡起来
放到伦敦多少对碧眼前。

多少未发现的命运呢？
有人会忧愁。有人会说：
还是这样好——寄流水。

一九三三年八月九日

几个人

叫卖的喊一声“冰糖葫芦”，
吃了一口灰像满不在乎；
提鸟笼的望着天上的白鸽，
自在的脚步踩过了沙河，
当一个年轻人在荒街上沉思。
卖萝卜的空挥着磨亮的小刀，
一担红萝卜在夕阳里傻笑，
当一个年轻人在荒街上沉思。
矮叫花子痴看着自己的长影子，
当一个年轻人在荒街上沉思：
有些人捧着一碗饭叹气，
有些人半夜里听别人的梦话。
有些人白发上戴一朵红花，
像雪野的边缘上托一轮落日……

一九三二年十月十五日

白石上

去吧，到废园去，
找一方白石，
不管从前作什么用的，
坐坐吧，坐下来
送夕阳下山，
一边听饶舌的白杨
告诉你旧事。

它也许告诉你
说从前有个人儿，
近黄昏，尤其在秋天，
常到这里来
倚在栏杆上
（你身旁从前有栏杆）
对夕阳低泣，
掩着两朵萎黄的红玫瑰，
说不久她埋到这里了，
可是若叫它指点给你看
是哪一抔黄土呢，

怨它老眼昏花了，
而且衰草已经藏去了
游人探访的足迹，
像迟暮的女子藏去了
绣花的腰带。

它也许还要说，
如果这方白石
早就躺在这里了，
你也许认得出
她的泪痕呢。

你细看白石，
只见长满了青苔，
仿佛半夜里
被秋风惊醒了
起来
用颤抖的手儿
揉揉酸溜溜的倦眼
在摇摇的烛影里
从箱子的深处
捡起来
多少年不忍想起的
一方素绢，
只见溅满了霉斑，
没有什么。

你抚摩它。
白石凉极了，
令你想起
从灯红酒绿中
飘出来的醉脸
不知在哪一条荒街上
淋到了冷雨。

不是雨。是风
起来了，可是很轻，
只能比叹息。
你不妨再坐一会儿
在白石上，
听浅湖的芦苇
（也白头了）
告诉你旧事
（近事吧）
一边看远山
渐渐地融进黄昏去……

一九三二年九月八日

无题一

三日前山中的一道小水，
掠过你一丝笑影而去的，
今朝你重见了，揉揉眼睛看
屋前屋后好一片春潮。

百转千回都不跟你讲，
水有愁，水自哀，水愿意载你。
你的船呢？船呢？下楼去。
南村外一夜里开齐了杏花。

一九三七年三月

无题二

窗子在等待嵌你的凭倚。
穿衣镜也怅望，何以安慰?
一室的沉默痴念着点金指，
门上一声响，你来得正对!

杨柳枝招人，春水面笑人。
鸢飞，鱼跃；青山青，白云白。
衣襟上不短少半条皱纹，
这里就差你右脚——这一拍!

一九三七年四月

无题三

我在门荐[①]上不忘记细心地踩踩，
不带路上的尘土来糟蹋你房间
以感谢你必用渗墨纸轻轻地掩一下
叫字泪不玷污你写给我的信面。

门荐有悲哀的印痕，渗墨纸也有，
我明白海水洗得尽人间的烟火。
白手绢至少可以包一些珊瑚吧，
你却更爱它月台上绿旗后的挥舞。

一九三七年四月

① “门荐”或称“门垫”或“门毯”，国内早有此物，迄今尚无通用名称。——作者注

无题四

隔江泥衔到你梁上，
隔院泉挑到你杯里，
海外的奢侈品舶来你胸前：
我想要研究交通史。

昨夜付一片轻喟，
今朝收两朵微笑，
付一枝镜花，收一轮水月……
我为你记下流水账。

一九三七年四月

无题五

我在散步中感谢
襟眼是有用的，
因为是空的，[1]
因为可以簪一朵小花。

我在簪花中恍然
世界是空的，
因为是有用的，
因为它容了你的款步。

一九三七年五月

① 古人有云："无之以为用。"——作者注

酸梅汤

可不是？这几杯酸梅汤
怕没有人要喝了，我想，
你得带回家去，到明天
下午再来吧；不过一年
到底过了半了，快又是
在这儿街边上，摆些柿，
摆些花生的时候了。哦，
今年这儿的柿，一颗颗
总还是那么红，那么肿，
花生和去年的总也同
一样黄，一样瘦。我问你，
（老头儿，倒像生谁的气，
怎么你老不作声？）你说，
有什么不同吗？哈，不错，
只有你头上倒是在变，
一年比一年白了。……你看，
树叶掉在你杯里了。——哈哈，
老李，你也醒了。树底下
睡睡觉真有趣；你再睡

半天，保你有树叶作被。——
（哪儿去，先生，要车不要？）

不理我，谁也不理我！好，
走吧。……这儿倒有一大枚[1]，
喝掉它！（老头儿，来一杯。）
今年再喝一杯酸梅汤。
最后一杯了。……啊哟，好凉！

一九三一年

① 当时北平单铜板（十分钱）已少见，通用双铜板，叫"大枚"——作者注

长的是

长的是斜斜的淡淡的影子，
枯树的，树下走着的老人的
和老人撑着的手杖的影子，
都在墙上，晚照里的红墙上，
红墙也很长，墙外的蓝天，
北方的蓝天也很长，很长。
啊！老人，这道儿你一定
觉得是长的，这冬天的日子
也觉得长吧？是的，我相信。
看，我也走近来了。真不妨
一路谈谈话儿，谈谈话儿呢。
可是我们却一声不响，
只是跟着各人的影子
走着，走着……

一九三二年七月

中南海

听市声远了，像江潮
环抱在孤山的脚下，
隐隐的，隐隐的，
比不上
满地的虫声像雨声，
更是比不上
满湖荷叶上的雨声像风声——
啊，轻轻地，轻轻地，
芦叶上涌来了秋风了！

我不学沉人回想的痴儿女
坐在长椅上
惋惜身旁空了的位置。

可是总觉得丢了什么了，
——到底丢了什么呢，
丢了什么呢？

我要问你钟声啊，

你仿佛微云，沉一沉。

荡过天边去。

一九三二年八月二十八日雨中即景作

路过居

路过居在什么地方
你们问也不容易问到，
路过的很多，
却不大有人留心到
门上
一块满面云雾的木匾，
虽然它一定看过
几代人走过了。

大家只知道，
一条并不大
也并不荒凉的街上
有一家小茶馆：

一所小屋四个洞，
长的一个像嘴，
常常吸进拭汗水的，
吐出伸懒腰的；
方的三个像眼睛，

常常露出几个半身。

店主是谁
也不容易看出来，
里头的汉子
打扮
差不多全是一样，
衣服
也差不多全是一样
穿的蓝粗布，
到夏天
谁也赤膊；
而且有时候要水
这个去
那个也去
自动拿开壶。

他们平常是喝茶，
一边谈话；
有时候谈得
伸出大拳头捶桌子，
有时候大笑
直笑得坐也坐不稳了，
叫板凳也跳了，
一碗茶泼倒了，
泼到了谁的脚上了，

那么骂，那么打，
打过了又哈哈地笑了；
有时候有人拉胡琴，
几个人围着他，要他唱，
他要唱又不唱了。

有时候也冷清清，
也许有一个年老的
抽旱烟，
喷出一口烟
又哼出一声长叹，
窗前
有一张《白话实事报》
被一阵怪风赶去了
追一片黄叶。

到黄昏
这儿也用电灯，
但只有一盏
而且很暗，
初看总以为
是仍然用油灯，
不过比别家小铺子
点得久。

在晚上

十一点光景
有时候还可以听到
有人在这儿
唱京调——
独自从市场回来的，
来得正好，你听：
“一马离了
西凉界……”

一九三二年九月十三日

圆宝盒

我幻想在哪儿（天河里？）
捞到了一只圆宝盒，
装的是几颗珍珠：
一颗晶莹的水银
掩有全世界的色相，
一颗金黄的灯火
笼罩有一场华宴，
一颗新鲜的雨点
含有你昨夜的叹气……
别上什么钟表店
听你的青春被蚕食，
别上什么古董铺
买你家祖父的旧摆设。
你看我的圆宝盒
跟了我的船顺流
而行了，虽然舱里人

永远在蓝天的怀里，[1]
虽然你们的握手
是桥——是桥！可是桥
也搭在我的圆宝盒里；
而我的圆宝盒在你们
或他们也许也就是
好挂在耳边的一颗
珍珠——宝石？——星？

一九三五年七月八日

① 一九三四年春天我曾写过一首诗，早作废，从未发表，结尾三行，可供参考：

时间作水吧，睡榻作舟，
卧舱中随白云变幻，
知两岸桃花已远。——作者注

白螺壳

空灵的白螺壳，你，
孔眼里不留纤尘，
漏到了我的手里
却有一千种感情：
掌心里波涛汹涌，
我感叹你的神工，
你的慧心啊，大海，
你细到可以穿珠！
我也不禁要惊呼：
“你这个洁癖啊，唉！”

请看这一湖烟雨
水一样把我浸透，
像浸透一片鸟羽。
我仿佛一所小楼，
风穿过，柳絮穿过，
燕子穿过像穿梭，
楼中也许有珍本，
书叶给银鱼穿织，

从爱字通到哀字——
出脱空华不就成!
玲珑吗,白螺壳,我?
大海送我到海滩,
万一落到人掌握,
愿得原始人喜欢:
换一只山羊还差
三十分之二十八;
倒是值一只蟠桃。
怕叫多思者想起:
空灵的白螺壳,你
卷起了我的愁潮——

我梦见你的阑珊:
檐溜滴穿的石阶,
绳子锯缺的井栏……
时间磨透于忍耐!
黄色还诸小鸡雏,
青色还诸小碧梧,
玫瑰色还诸玫瑰,
可是你回顾道旁,
柔嫩的蔷薇刺上
还挂着你的宿泪。

一九三七年五月

一个闲人

太阳偏在西南天的时候，
一个手叉在背后的闲人
在街路边，深一脚，浅一脚，
一步步踩着柔软的沙尘。

沙尘上脚印也不算少，
长的短的方的尖的都有。
一个人赶过去了又一个，
他不管，尽是低着头，低着头。

啊哈，你看他的手里
这两颗小核桃，多么滑亮，
轧轧地轧轧地磨着，磨着……
唉！不知磨过了多少时光！

一九三〇年

一个和尚

一天的钟儿撞过了又一天，
一个和尚做着苍白的深梦：
过去多少年留下来的影踪
在记忆里看来就只是一片
在破殿里到处迷漫的香烟，
悲哀的残骸依旧在香炉中
伴着一些善男信女的苦衷，
厌倦也永远在佛经中蜿蜒。

昏沉沉的，梦话沸涌出了嘴，
他的头儿又和木鱼儿应对，
头儿木鱼儿一样空，一样重；
一声一声的，催眠了山和水，
山水在暮霭里懒洋洋地睡，
他又算撞过了白天的丧钟。

一九三〇年

西长安街

长的是斜斜的淡淡的影子，
枯树的，树下走着的老人的
和老人撑着的手杖的影子，
都在墙上，晚照里的红墙上，
红墙也很长，墙外的蓝天，
北方的蓝天也很长，很长。
啊！老人，这道儿你一定
觉得是长的，这冬天的日子
也觉得长吧？是的，我相信。
看，我也走近来了，真不妨
一路谈谈话，谈谈话儿呢。
可是我们却一声不响，
只是跟着各人的影子
走着，走着[①]……

走了多少年了。
这些影子，这些长影子？
前进又前进，又前进又前进，

① 第一段作于两年前（一九三〇）初冬，本独立为一首，留此续作前，作为回忆。——作者注

到了旷野上，开出长城去吗？
仿佛有马号，是一大队骑兵
在前进，面对着一大轮朝阳，
朝阳是每个人的红脸，马蹄
扬起了金尘，十丈高，二十丈——
什么也没有，我依然在街边，
也不见旧日的老人，两三个
黄衣兵站在一个大门前，
（这是司令部？当年的什么府？）
他们像墓碑直立在那里，
不作声，不谈话，还思念乡土，
东北天底下的乡土？一定的！
可是这时候想也是徒然，
纵然想起这时候敌人的
几匹战马到家园的井旁
去喝水了，这时候一群家鸡
到高粱田里去彷徨了，也想
哪儿是暂时的住家呢。啪啪！
什么？枪声！打哪儿来的？
土枪声！自家的！不怕，不怕！……
可是蟋蟀声早已浸透了
青纱帐，青纱帐早已褪色了！
你想吗，一点用处也没有了！
明天再想吧，这时候只好
不作声，不谈话。低下头来吧。
看汽车掠过长街的柏油道，

多“摩登”，多舒服！尽管威风
可哪儿比得上从前的大旗
红日下展出满脸的笑容！
如果不相信，可以问前头
那三座大红门，如今怅望着
秋阳了。

啊！夕阳下我有
一个老朋友，他是在一所
更古老的城里，这时候怎样了？
说不定从一条荒街上走过，
伴着斜斜的淡淡的长影子？
告诉我你新到长安的印象吧，
（我身边仿佛有你的影子）
朋友，我们不要学老人，
谈谈话儿吧……

一九三二年九月十一日

古镇的梦

小镇上有两种声音
一样的寂寥：
白天是算命锣，
夜里是梆子。

敲不破别人的梦，
做着梦似的
瞎子在街上走，
一步又一步。
他知道哪一块石头低，
哪一块石头高，
哪一家姑娘有多大年纪。

敲沉了别人的梦
做着梦似的
更夫在街上走，
一步又一步。
他知道哪一块石头低，
哪一块石头高，

哪一家门户关得最严密。

“三更了，你听哪，
毛儿的爸爸，[1]
这小子吵得人睡不成觉，
老在梦里哭，
明天替他算算命吧？”
是深夜，
又是清冷的下午：
敲梆的过桥，
敲锣的又过桥，
不断的是桥下流水的声音。

一九三三年秋

① 戏用废名早期短篇小说的一个篇名。——编者注

古城的心

你可以听到自己的脚步声
在晚上七点半的市场
（这还算是这座古城的心呢。）

难怪小伙计要打瞌睡了，
看电灯也已经睡眼蒙眬。

铺面里无人过问的陈货，
来自东京的，来自上海的，
也哀伤自己的沦落吧？——

一个异乡人走过也许会想。

得，得，得了，有大鼓！
大鼓是市场的微弱的悸动。

一九三三年十月二十七日

候鸟问题

多少个院落多少块蓝天
你们去分吧。我要走。
让白鸽带铃在头顶上绕三圈——
可是骆驼铃远了，你听。
抽陀螺挽你，放风筝牵你，
叫纸鹰、纸燕、纸雄鸡三只四只
飞上天——上天可是迎南来雁？
而且我可是那些孩子们的玩具？
且上图书馆借一本《候鸟问题》。
且说你赞成呢还是反对
飞机不得经市空的新禁令？
我的思绪像小蜘蛛骑的游丝
系我适足以飘我。我要走。
等到了别处以后再管吧：
多少个院落多少块蓝天？
我岂能长如绝望的无线电
空在屋顶上伸着两臂
抓不到想要的远方的音波！

一九三七年

距离的组织

想独上高楼读一遍《罗马衰亡史》，
忽有罗马灭亡星出现在报上。[①]
报纸落。地图开，因想起远人的嘱咐。
寄来的风景[②]也暮色苍茫了。
（“醒来天欲暮，无聊，一访友人吧。”）[③]
灰色的天。灰色的海。灰色的路。[④]
哪儿了？我又不会向灯下验一把土。[⑤]
忽听得一千重门外有自己的名字。

---

① 一九三四年十二月二十六日《大公报》国际新闻版伦敦二十五日路透社电：“两星期前索佛克业余天文学者发现北方大力景座中出现一新星，兹据哈华德观象台纪称。近两日内该星异常光明，估计约距地球一千五百光年，故其爆发而致突然灿烂，当远在罗马帝国倾覆之时，直至今日，其光始传至地球云。”这里涉及时空的相对关系。

② 寄来的风景”当然是指“寄来的风景片”。这里涉及实体与表象的关系。

③ 这行是来访友人（即末行的“友人”）将来前的内心：独白，语调戏拟我国旧戏的台白。——作者注

④ 本行和下一行是本篇说话人（用第一人称的）进入的梦境。

⑤ 一九三四年十二月二十八日《大公报》的《史地周刊》上《王同春开发河套讯》：“夜中驱驰旷野，偶然不辨在什么地方，只消抓一把土向灯一瞧就知道到了哪里了。”

好累啊！我的盆舟没有人戏弄吗？[①]
友人带来了雪意和五点钟。[②]

一九三五年一月九日

①《聊斋志异》的《白莲教》篇：“白莲教某者，山西人，忘其姓名……某一日，将他往，堂上置一盆，又一盆覆之，嘱门人坐守，戒勿启视。去后，门人启之。视盆贮清水，水上编草为舟，帆樯具焉。异而拨以指，随手倾侧，急扶如故，仍覆之。俄而师来，怒责‘何违我命！’门人力白其无。师曰，‘适海中舟覆，何得欺我！’”这里从幻想的形象中涉及微观世界与宏观世界的关系。

② 这里涉及存在与觉知的关系。但整诗并非讲哲理，也不是表达什么玄秘思想。而是沿袭我国诗词的传统，表现一种心情或意境，采取近似我国一出旧戏的结构方式。——作者注

旧元夜遐思

灯前的窗玻璃是一面镜子。
莫掀帷望远吧，如不想自鉴。
可是远窗是更深的镜子：
一星灯火里看是谁的愁眼？

“我不能陪你听我的鼾声。”
是利刃，可是劈不开水涡：
人在你梦里，你在人梦里。
独醒者放下屠刀来为你们祝福。

一九三五年二月四日

一切劳苦者

一草一石都有了新意味，
今天是繁夥与沉重的日子。
一只手至少有一个机会
推进一个刺人的小轮齿。
等前头出现了新的里程碑，
世界就标出了另外一小时。

啊！只偶尔想起了几只手，
我就像拉起了一串长链，
一只牵一只，就没有尽头，
男女老少的，甚至背面
多汗毛的，拿着锄头、铁锹、
枪杆、针线……以至于无限。

无限的面孔，无限的花样！
破路与修路，拆桥与修桥……
不同的方向里同一个方向！
大砖头小砖头同样需要，
一块只是砖，拼起来才是房，

虽然只几块嵌屋名与房号。

不怕进几步也许要退几步，
四季旋转了岁月才运行。
身体或不能受繁叶荫护，
树身充实了你们的手心，
一切劳苦者。为你们的辛苦，
我捧出意义连带着感情。

一九三九年十一月二十八日

一位刺车的姑娘[1]

动员了，妇女的手指，
为了战士的脚跟。
一边用针线穿鞋底，
还爬梳川流的行人。
可怜山路上多石子，
难为你把线子缝紧。

别以为软心肠没气力，
骑车的小流氓真发昏：
“要走就不停，看你办！”
看来你奈何他不成——
车轮瘫下了人恍然，
谢谢你闪电样一针！

一九三九年十一月十三日

①故事发生在河北顺平县。——作者注

一位夺马的勇士[①]

抓住了你的今日，
就带来你的明天
你仿佛说明了；我祝你
幸运总跟了勇敢——
好啊，可谈何容易：

山沟里是顽抗的困兽。
夺他们的马呀，你着急。
也得算工夫结了果，
你扑下去骑转了一匹，
马后就奔来一头骡。

一九三九年十一月十四日

① 故事发生在山西长乐村战斗中。——作者注

一处煤窑的工人

是一条黑线引了我去的，我想起，
绕几绕缠才到了热和力的来源——
煤窑。平空十八丈下到了黑夜里，
我坐了装人也装煤块的竹篮。
黑夜如果是母亲，这里是子宫，
我也为早晨来体验投生的苦痛。

拿好灯，这里也不是抬头的地方。
伛下去，就这样走了。是什么动物
对面跑来了，辘辘辘，拉着满拖筐；
后边又赶过了，推着空拖筐，辘辘辘?
额上一只角一点火，黑脸上一对星
只一晃点明了这里并没有野性——

你们就这样一天要来回三十次，
滴着黑汗。洞顶也滴着黑汗，
像峨眉一个山洞里滴着燕子矢。
九老洞到底我记得有一个财神坛……
尽头了，财神笑看我黑汗满头，

好几位，没有骑黑虎，却拿了铁锹。

你们还要挖前去，像要开一个窗！
抽着旱烟看车窗外浓烟掠过去
是好的：隔着玻璃看浓烟贴海浪
是好的：好的，叹一声此生不虚。
可是愈挖愈深，你们作反比例；
一里半已经够远了，还拉长距离！

不！外来的拳头打动了一切，
醒了的已经给醒了的添一桶小米粥；
你们的黑夜也已经缩短了一节，
每天腾出了三小时听讲学读。
从打文字的窗子里眺望新天下：
要武装起来，你们还打造“曲把”[①]。

此刻也许重新卷来了逆流，
你们在周旋，以潮浪压退潮浪；
要不然一定在加紧挥动铁锹，
因为你们已经摸到了方向。
小雏儿从蛋里啄壳。群星忐忑
似向我电告你们忍受的苦厄。

一九三九年十一月十五日

---

① 一种简单的武器，形似手枪，装一颗步枪子弹。——编者注

抬钢轨的群众

谁叫梦魇鬼也做了噩梦：
牢牢压制下，钢轨忽然翻动，
生了腿，一条条离开了原位，
十里路一歇脚。换上二十对？[①]
明明白白是你们，老百姓，
清醒的，帮了军队在搬运，
十里路换上另外的肩膀。
十里路一堆，村庙像停车场。
当当响。火星起自腰中间，
一条变两条，为了轻便。[②]
更向山地去，松排了队伍，
一条条不再要互相接住。
向来是钢轨上接送行人，
如今人带了钢轨旅行，
笑便笑吧，用不着纳罕：
出点汗还不是为了省大汗！

---

① 十个人抬一条钢轨，十里路另换十个人。——编者注

② 一条钢轨锯成两半，以便翻高山。——编者注

让钢轨从肩膀到肩膀压过去，
由你们明日骑钢轨擦过去！
现在也不是坐火车的时候，
这里会伸来魔鬼的毛手。
送钢轨，送钢轨，要送三百里，
旅途的终点等它们在那里——
小小的山村，小小的熔炉，
生死门它们要进了又出：
当当响，挺出来刺刀和枪膛。
留半条老钢轨挂上石头墙，
瞠——瞠瞠，大声地叫起来
一个个游击队员。跳起来
集合，集合了，练枪练刀。
我们得用刀枪把大地打扫。
是啊，等大地都收拾干净，
我们又再叫武器变形，
在地上纵横多铺些钢轨。
我们也许会在火车上相会，
我就向你们道一声“辛苦！”
可是我们也许会认错：
你们不是的，是你们的儿孙：
我也不是我现在的本身。
如今你们把一条支线
扭转了方向，断断又连连，

十里，十里，又九里十八盘，
转上去，转上去，转进了太行山，
回想起来我还是惊奇：
时间抹不掉这条痕迹！

一九三九年十二月十二日

修筑飞机场的工人

母亲给孩子铺床总要铺得平，
哪一个不爱护自家的小鸽儿、小鹰？
我们的飞机也需要平滑的场子，
让它们息下来舒服，飞出去得劲。

空中来捣乱的给他空中打回去，
当心头顶上降下来毒雾与毒雨。
保卫营，我们也要设空中保卫营，
单保住山河不够的，还要保天宇。

我们的前方有后方，后方有前方，
我们的土地被割成了东一方西一方。
我们正要把一块一块拼起来，
先用飞机穿织成一个联络网。

我们有儿女在华北，有兄妹在四川，
有亲戚在江浙，有朋友在吉林，在云南……
空中的路程是短的，捎几个字去吧：
“你好吗？我好，大家好。放心吧，干！”

所以你们辛苦了，不歇一口气，
为了保卫的飞机、联络的飞机。
凡是会抬起头来向上看的眼睛
都感谢你们翻动的一铲土一铲泥。

一九三八年十一月八日

放哨的儿童

交给了你们来放哨，
虽然是路口太冲要，
打仗的在山外打仗，
屯粮的在山里屯粮，
算贴了一对活封条。

可是松了，
不妨学学百灵叫。

把棍子在路口一叉，
“路条！”要不然，“查！”
认真，你们就不儿戏。
客气，来一个“敬礼！”
要不然，“村公所问话！”

可是松了，
不妨在地上画画。
防止一切的病毒菌，
你们绝不让偷进：

金丹、海洛因、“白面”、
毒药、三寸长红线……
小汉奸是鬼子的苍蝇。
可是松了。
不妨用胳膊比比劲。
县长也不例外，[①]
洋教士也不能乱来。[②]
马虎了记下“不负责”，
儿童团汇报里要抨击：
一点缝，瓶子就破坏！

可是松了，
不妨拉树枝摆摆。

这条路上哪儿的，我想问——
将来是来了，不用等。
尉迟恭、秦琼都变了，
就算是梦吧，我见了
新天地的两员门神。

你们松了，
不妨摘几朵迎春。

一九三九年十一月十一日

---

① 长子县儿童团扣留过县长。——编者注

② 陵川县儿童团扣留过洋教士。——作者注

译阿左林小品之夜

“这是异邦呢，还是故国？”

都是的，在我。我是中国人。译这些小品，说句冒昧的话，仿佛是发泄自己的哀愁了。

一边想，我一边右手捏着一支毛笔，左手撑着面颊，坐对摇摇的烛影。这几晚都是点的洋蜡。“家”已经搬了几天了，据说电灯公司，忘记来补要电费，因此就有理由不来装电表。没有关系，我们都是中国人；而且，“senor 阿左林，这些小品可不是只合在烛影下译吗？”

风摇烟筒。这几天倒像冬天了。一阵阵冷气袭人，哦，炉火快灭了，可是我懒得添煤，尽待着。

“硬面饽饽！”

此何声也？不错，前几年在《骆驼草》上谈到“西班牙的城”的岂明先生前几天在报上淡北平呼声中正介绍过呢。想起四年前初来旧京，住在公寓里，深更危坐，噗的一声，敲在墙角外的亦正是此声也。当时不知道叫卖的什么东西，只料想吃起来一定有一股凄凉昧，后来知道是卖的饽饽，现在又听说“味道并不坏”。

打开门来，月光扑面，风急天高，从对面亮果厂口移来了一个黑影，一盏灯。于是，四大枚换来了二大饼。今夜总算尝到了。

吃了就睡吧，可不是又太“晚了”。

（原载 1934 年 3 月 7 日天津《大公报·文艺副刊》）

尺八夜

我第一次听到尺八是在去春 3 月底一个晚上，在东京。

那时候我正在早稻田附近一条街上，在若有若无的细雨中，正在和朋友 C 以及另一位朋友一块儿走路。我到日本小住，原是出于一时的兴致，由于偶然的机会，事先没有学过一点日文日语，等轮船“长安丸”一进神户，一靠码头，就把自己完全交给了为我做向导的 C，紧接着发现，也就交给了经常监视他的一个便衣警察。他们现在正要带我去一家老远的吃茶店。我却不感觉兴趣，故意（小半也因为累了）落在他们后面，走得很慢，心中怏怏的时候，忽听得远远的，也许从对街一所神社吧，送来一种管乐声，如此陌生，又如此亲切，无限凄凉，而仿佛又不能形容为“如怨如慕如泣如诉”。我不问（因为有点像萧）就料定是所谓尺八了，一问他们，果然不错。在茫然不辨东西中，我油然想起了苏曼殊的绝句：

春雨楼头尺八箫，
何时归看浙江潮？
芒鞋破钵无人识，
路过樱花第几桥。

这首诗虽然没有什么了不得，记得自己在初级中学的时候却读过了不知多少遍，不知道小小年纪，有什么不得了的哀愁，想起来心里真是“软和得很”。我就在无言中跟了他们转入了灯光疏一点的一条僻街。

回到京都，我们仍然住在东北郊那个日本人家的两开间小楼上，三面见山，环境不坏。这一家小孩多，家具也多，地方虽比普通日本人家算脏一点，气派却大一点。房东是帝国大学的一位物理系助手，一个近五十岁的老好人，平时偶尔弹弹钢琴，听说吹得一口好尺八，在外边有许多年轻人跟他学，虽然他在家里总不大吹。

是在5月间的一个夜里吧，我听见尺八就在我们的楼下吹起来了。

约莫两点钟光景，我猛然间被什么惊醒了，听见楼下前门口有人叫嚷。因为我一到日本就无端招致了警察的猜疑，现在有点惴惴然，轻轻地敲敲薄薄的一层隔板，唤醒了C。我心里却立刻兜上了我们在西山古刹，夜半雨中同闻二犬狂号，令人毛发耸然的一幕，回想起来是那么可笑的，而仍不失为可喜的，盖人有时候也会爱一点惊险。这差不多是四年前了，与现在的情景如此相似，又如此相异。接着我听出了楼下闹的只有两人，其中之一是我们的房东。可是他们闹些什么呢？讲些什么话？想起话来，我就悲哀，我学话的本领实在太差了，算起来我在北平已经住了五六年，有如此好机缘，竟没有学会几句京话，直到现在仍然是一口南腔北调，在北方，人家当然认为我是说的南方话，回到南方，乡下人又以为我说的是北方话，简直叫我不知道自己是什么地方人了。记得在什么地方听说过，朱舜水在日本常操和语，到病榻弥留的时候，讲的话友人不懂，是几句土话。而在我连土话也容易忘掉呢。我到日本已有两月，勉强说得来的还只是“谢谢”“对不住”等（后来动身回国的时候，竟还不好意思对房东们高声地说一句“沙扬娜拉”。至今犹有遗憾），听得来的也只此数语而已。于是我问C，他回答说：“还不是喝醉了胡闹吗！”这时候，他们已不再叫嚷，像已进了屋，笑了一阵，那个陌生人哼起了我听不懂的歌调，接着尺八也在这夜深人静里应声而起了。啊，如此陌生，又如此亲切！说来也怪，我初到日本，常常感觉到像回到了故乡，我所不知道的故乡。其实也没有什么，在北地的风沙中打发了五六个春天，一旦又看见修竹幽篁、板桥流水、杨梅枇杷、朝山敬香、迎神赛会、插秧采茶，能不觉得新鲜而又熟稔！我仿佛回到了童时的境地，或者童时以前的祖籍“金陵”石臼湖以东这一带，虽然我生长的地方是江海间一块新沙地，清朝乾隆年间才出水，说不上罗曼蒂克。关西这地方颇似江南，可是江南的河山或仍依旧，人事的空气当迥非昔比，甚至于不能与20年前相比吧。那么这大概是我们梦里的风物，线装书里的风物，古昔的风物了。尺八仿佛可以充这种风物的代表。的确，我们现在还有相仿的乐器，箫。然而现在还流行的箫，常令我生“形存实亡”的怀疑，和则和矣，没有力量，不能比“二十四桥明月夜，玉人何处教吹”的箫，不能比从秦楼把秦娥骗走的箫，更不能与“吹散八千军”的张良箫同日而语了。自然，从前所谓箫也许就是现在所谓笛，而笛呢，深厚似不如。果然，现在偶尔听听笛，听听昆曲，也未尝不令我兴怀古之情，不过令我想起的时代者，所谓文酒风流的时代也，高墙内，华厅上，盛筵前，一方红氍当舞台的时代也，楚楚可怜的梨园子弟，唱到伤心处，是戏是真都不自知的时代也，金陵四公子的时代也，盘马弯弓，来自北漠，来自白山黑水的“蛮”族席卷中州的时代也，总之是山河残破、民生凋敝的又一番衰败的、颓废的乱世和末世。而尺八的卷于上，如叫我学老学究下一个批语，当为写一句：犹有唐音。自然，我完全不懂音乐，完全出于一时的、主观的、直觉的判断。我也并不在乐器中如今特别爱好了尺八，更不致如此狂妄，以为天下乐器，以斯为极。我只是觉得单纯的尺八像一把钥匙，能为我开启一个忘却的故乡，悠长的声音像在旧小说书里画梦者曲曲从宙外插到床上人头边的梦之根——谁把它像无线电耳机似的引到了我的枕上了？这条根就是所谓象征吧？

现在，你听，不知道从什么时候起，歌声早已停止，也许因为唱得不好，那个人罢手了，现在只剩了尺八的声音。我如何形容它，描摹它呢？乃想起了国内寄来的报上有周作人先生译永井荷风的一段话，这段文字我读了好几遍，记得简直字字清楚：

> 呜呼，我爱浮世绘。苦海十年为亲卖身的游女的绘姿使我泣。凭倚竹窗茫然看着流水的艺妓的姿态使我喜。卖宵夜面的纸灯寂寞地停留在河边的夜景使我醉。雨夜啼月的杜鹃，阵雨中散落的秋天木叶，落花飘风的钟声，途中日暮的山路的雪，凡是无常无告无望的，使人无端嗟叹此世只是一梦的，这样的一切东西，于我都是可亲，于我都是可怀。

不管原文如何，这段虽然讲画，而在情调上、节奏上简直是代我在那里描摹我此刻所听的尺八。可是何其哀也！呜呼，“我知之矣”（我想起了“欧阳子方夜读书”），唯其能哀，所以能乐，斯乃活人。悲哀这东西自从跟了人类第一次呱呱坠地而同来以后，就永远与正常的人类同在了。现在他们的世界，不管中如何干，外总是强，虽然还没有完全达到夜不闭户、路不拾遗的一步，比较上总算是一个升平的世界，至少是一个有精神的世界。而此刻无端来了这个哀音，说是盛世的哀音，可以，说是预兆未来的乱世吧，也未尝不可。要知道“合久必分，分久必台”。哀乐是交替的，或者是同在的，如一物的两面，有哀乐即有生命力。回望故土，仿佛一般人都没有乐了，而也没有哀了，是哭笑不得，也是日渐麻木。想到这里，虽然明知道自己正和朋友在一起，我感到“大我”的寂寞，乃说了一句极简单的话：“C，我悲哀。”

第二天我告诉C说我要写一篇散文，记昨夜。我说尺八这种乐器想来是中国传来的吧。C是学历史的，也注意过东西交流史，他答应替我查一查，可是手头没有什么可参考的书。结果我们还是止步于《辞源》上的一条：

吕才制尺八，凡十二枚，长短不同，与律谐契。见唐书。

这自然不能使我满足，写文章的兴致也淡下去了。

过了一个月光景，不知道怎么一回事，竟写了一首短诗，设想一个中土人在三岛夜听尺八，而想象多少年前一个三岛客在长安市夜闻尺八而动乡思，像自鉴于历史的风尘满面的镜子。写成后自己觉得很好玩，于可解不可解之间，加上了一个题词。

正是江南好风景
落花时节又逢君

写诗的日期，现在看稿后注的是6月19日夜。记得第二天我很高兴地告诉了C。可是，一盆冷水——他笑我这首诗正好配我那张花八十钱买来的廉价品乐片《荒城之月》，名为“尺八独奏”，其实是尺八与曼陀玲、吉它等的海派杂凑。这张乐片曾拿到楼下房东处请教过，结果被笑为尺八不像尺八，《荒城之月》不像《荒城之月》。我这首诗里忽而“长安丸”，忽而“孤馆”，忽而“三岛”，忽而“霓虹灯”，也是瞎凑。给C一说，仿佛真有点如此，大为扫兴。过了一些日子，我又释然了，一想这首诗不是音乐，虽然名为《尺八》，而意不在咏物，而且一缕“古香”飘在“霓虹灯的万花间”也不见得不自然。周作人先生说得好，“我们在日本的感觉，一半是异域，一半却是古昔，而这古昔乃是健全地活在异域的，所以不是梦幻似的虚假，而亦与高丽、安南的优孟衣冠不相同也”。“健全地活在异域”，不错，也可说活在现代世界。恰好北平朋友来信催稿，我虽然已不大喜欢这首诗了，终于把它打发了回去。

再过一个月，我因事也动身回国了。C把我送到了船上。我回到北平不久，接到他的信，说是他那天下午独自回到住地，凄凉满目，情状就像当年在家里送了丧。在朋友们眼中看来比出国前反而消瘦了许多，也苍老了许多，我回到故国，觉得心里十分空虚。读信又非常怀念那边，想仍然回到那边去，仿佛那边又是我的归宿了。自然，以后又一切都淡了下去。

《尺八》这首诗呢，已经在印刷所排好，尚未印出，我越看越不喜欢，结果用另一首诗换了出来，然而后来因为《大公报》诗特刊需稿，没有法子又寄了去。登出后有些师友说好，我自己则不觉得如何高兴，而且以未证明从中国传去这个假设为憾。虽然早想问周作人先生，自己不大放在心上，懒懒的一直挨延到今春才写信去问，然后得到了一个使我相当高兴的答复：

> 尺八据田边尚雄云起于印度，后传入中国，唐时有吕才定为一尺八寸（唐尺），故有是名。唯日本所用者尺寸较长，在宋理宗时（西历1285）有法灯和尚由宋传去云。

虽然传往日本是在宋而不在唐，虽然法灯和尚或者不是日本人，已没有多大关系了。

本来只打算给诗作一条小注，后来又打算写一篇千把字的附记，而现在写成了这样一篇似可独立的散文了，离初意越远，但反而实践了听尺八夜次朝的心愿，虽然写得如此芜杂，不免也有点暂时的高兴，我要欣然告诉C了，如果他在这里。本来他说要来此地看我的，可是现在早该是他回国的时候了，竟一春无消息，以致我此刻不知道他已到了哪里。啊，我将向何方寄我的系念，风中的一缕游丝？时候不早了。呜呼，历史的意识虽然不必是死骨的迷恋，不过能只看前方的人是有福了。时候不早了，愿大家今夜好睡，为的明朝有好精神。夜安！

5月8日（1936年）

“不如归去”谈

槐花满地，时节又近初夏了。刚才读《大公报》文艺栏芦焚先生的《里门拾记》，见有一条注，解释文中的“光棍抗锄”曰：

> 即文人们叫作“不如归去”的那种鸟。虽只是鸟的叫声，一种人听了奋起耕作，一种人听了怀春思乡，连耳朵也竟有这样大的差异。

觉得这很有意思。“光棍抗锄”当然就是“割麦插禾”。书本里说布谷与杜鹃有别，不过也说很相似，则我们的活《辞源》里或者早已把“割麦捅禾”“不如归去”两种鸟相混了，即使有考据癖的文人骤然间也不会分得清楚吧，所以我的意思与芦焚先生开头那点意思不谋而合。我想起了已经忘了的两个心愿。记得我曾经想写一篇历史小说，其中的核心，一个场面，是如此：

> 农人在田间。旅人在道旁。
> 头上一阵鸟声，如人言。
> “割麦插禾”，农人想。
> “不如归去”，旅人想。

我想写这篇小说是在去年此时，在日本，读了李广田先生的《桃园杂记》以后。李文中提起布谷，说在他的家乡以为是叫的“光光多锄”，令我想起了我的家乡人仿佛说是“花好稻好”，花，读如ho，大约不是指普通的花，而是指棉花。稻无问题，即水稻，江乡自然有水田。这两种说法，与芦焚先生的“光棍抗锄”俱未见于典籍。典籍中有的除“布谷”“割麦插禾”以外，还有许多，如“麦饭熟”“脱却布挎”“郭公”等。而在我们的活书本里更不知有多少花样了。哪一天把各地的花样搜集起来，该有如何一个大观！不过千差万别，都由于耳朵不同吗？我的意思与芦焚先生的意思在此地分道了——可是且慢，芦焚先生的话，实际上，也等于说差别在环境，生活的环境吧。

农人在田间。旅人在道旁。
头上一阵鸟声，如人言。
“割麦插禾”，农人想。
“不如归去”，旅人想。

这里有两个人，虽然在一处，究竟环境不同。不但如此，在我看来，即便“割麦插禾”与“不如归去”两种观念，也未尝不可以联在一起：

春去也。见麦浪滚滚，旅人想起了多风波的江湖。你看，那边一个农人在檐前看镰刀哪。数千里外自家屋后的蓬蒿有多高了？家乡收麦早，或许庄稼人已经赤脚下水田了。唉唉，天南地北，干什么来着？叶落归根，不如归去吧。

“不如归去”一语，不见得太“文”，尤其在古昔，更不见得不就是俗子的口头语。即使是雅士说的我也有话可说：

当此时也，道上的过客或者是一个坐在轿子里的官老爷，不禁想起人生一梦耳，四处奔波，所为何来？为五斗米折腰实在犯不着，即使位居一品，在京华尘土里五更待漏，亦何苦也！君不见那个庄稼汉倒快乐自在，坐在茅屋的门槛上，捧一碗黄粱。你闻闻看，多香！真不如回去种田好，“守拙归园田”。

然而，“割麦插禾”多少带点振作的情调，而“不如归去”却不免消极呢。不错，这还是环境差异，不过哀乐是相依为命的。我曾经说过，这可以作为补充，而且“杜宇”是只合永远啼血了，要知道：

谁言杜宇归去乐
归来处处无城郭

固无论矣，就连你“郭公”，哪怕你“郭公”。

郭公，郭公！
天雨蒙蒙，
促农耕陇。
城南战骨多，
野田变作丘与垄。
郭公，郭公！
何地播种？

弄到这个地步，哪怕你“郭公”，就连你“郭公”也无可奈何吧？“感时花溅泪”，即不“恨别”，鸟亦“惊心”。这又归于一。

不过，时至今日，害肺病的子规到底是绝种了也说不定，因为“不如归去”现在仿佛只活在书本里，而“割麦插禾”的子孙戚族还活在各地农人的口头。各地农人的口头开出了各式各样的一朵朵小花。哪一天把它们搜集起来当标本，作一个系统的研究那才有意思呵。这一朵朵单纯的小花将是一个个小窗子开向各种境地：水田，

桃园——我想从你的里门望望看，芦焚先生，你那边是什么呢？

可不是，我心巾曾经拟过一篇社会论文的题目：

布谷声听出的各地社会背景。

可是为什么不能从旁的鸟声里听出来呢？为什么从旁的鸟声我们听不出这许多花样？这种鸟声本身到底自有其特殊性，引起人心上的反应乃小异大同了。人总是人。

想起人，我真想起个别的人来了。芦焚先生与我在三座门，在沙滩，有过好几面之缘，此刻想必在河南乡下吧？李广田先生，齐人也，是我的熟人，现在正陪我在此地吃他本乡的“省”饭，住在东邻，和我天天见面。过几天想可以听到布谷声了，我想那多妙，如果芦焚先生在这里，譬如说在黄台乡间，我们三人同行，忽听得一声“布谷”，

“光棍抗锄”，芦焚先生想。
“光光多锄”，李广田先生想。
“花好稻好”，我想。

唉，江里的鱼汛应该过了好几种了；竹笋应该已经老了，高过人头了：青蚕豆应该已经上市了吧，这里倒已经上市了。我不喜欢北方这种讲究办法，把青蚕豆去皮，疏疏几瓣的炒肉片，就不能不去皮而稍加些腌菜，细葱花，素炒一下，青青紫紫的来一碗吗？也许是性格定命吧，也许毕竟是文人吧，明知道到了那边自然会愁更愁，我又想起了“不如归去”。

杆石桥，5月12日（1936年）

成 长

种菊人为我在春天里培养秋天。

前些日子写了这一句，一直没有接下去，因为在春天里说秋天，不免煞风景，正所谓自寻烦恼，作茧自缚。何必，看看帘外吧。时已5月，菊花已在庭心了，先是在廊下，也许因地利，就在我的门前。记得有一位朋友曾对我说过："关在房间里干什么？出来看看你的门前吧，真是仙境哪。"不错，罗列两旁的"小绿"，标明的是"白瑶台""丹凤""锦毛狮子""玉麒麟""紫雁""千叶莲""金台夕照""懒梳妆""流苏""绣纺球""玉珠环"……煞是大观。可是我倒想起了秋天。去年秋天我怎么没有留意到这样一个大千世界呢？我对于花本身向来没有多大兴趣，看起来总是走马。所以去年有一晚，在一位同事的房间里，看见了两盆菊花，乃忽然讶异于分派在自己的房间里的一盆，是黄的呢，还是白的，虽然搁到当时也快萎谢了——快了吧！又是一年？心里一凉。

可是，花刚在发芽吐叶，就想到萎谢，真太冷酷了，对自己。的确，这是没有出息的想头。记得去年年底，动身回南的一天，整顿行箧的时候，竟然大为委顿，简直理不下去了，因为想起了再过一个半月，又得回来，又得在黄昏里，带着一身疲倦，在这个房间里卸却行装。我可怜那只提箱，跟我来回地跑，也可怜自己，来回地带这劳什子——不成！我随即想起，这个想头会一笔勾销了世间的一切哪。

真的，我现在想，你说这怎么成，倘若你上车站接你的亲人，而预先想到了一两个月后送丧似的凄凉？预先想到了人去后的屋子里留下了凌乱的一堆废纸，被喝剩了半杯的、尚有微温的红茶？你说这怎么成，倘若你赴一个约会而预先想到了隔雨的红楼之间，踽踽独行，心中回旋着“珠箔飘灯独自归”？你说这怎么成，倘若你听“霓裳羽衣”而预先想到了“夜雨闻铃”？

一切都何必当初，则世界完了。一个人似应当知道，这还是有福的，如其在“鸡鸣枕上，夜气方回”的时候，能有“繁华靡丽”的一梦可叹。怕只怕，回过头来，一片空白。

从前读到亥尼叶（Henri de Régnier）的一篇小说，讲一个住在楼下的老人，听楼上人家开跳舞会，而回溯自己年轻的时候的一段甜蜜的往事。凄凉吗？多少有点。可是设想跳舞会中有一个年轻人，忽然想到楼下那个孤寂的老人，一灰心，乃悄然走出客厅去，消失在夜色中。到 30 年后，做了楼下的老人，听人家的跳舞会，回过头去，像普鲁斯特一样，作“往日之追寻”，那时候不觉得荒凉吗？

莎士比亚见目思珠（见《风暴》中短歌“海变”），灵心可喜，而卫伯斯特从红粉底下看出骷髅（据 T.S. 艾略特说），则慧眼可怕了。戴了 X 光眼镜，看透了一切，你就看不见一切了。把一件东西，从这一面看看，又从那一面看看，相对相对，使得人聪明，进一步也使得人糊涂。因为相对相对，天地扩大了，可是弄到后来容易茫然自失，正如理发店里两边装镜子，你进了门左右一望，该不能再笑初进大观园的刘姥姥了。

我们的庄子不是聪明绝顶了吗？他把“绝对”打个粉碎。他说彭祖算得了什么长寿！“楚之南有冥灵者，以五百岁为春，五百岁为秋；上古有大椿者，以八千岁为春，八千岁为秋”。“朝菌不知晦朔；蟪蛄不知春秋”。他甚至于想创立第四度（Fourth dimension），“以天地为春秋”。小大完了，是非也随之休矣。可是小心，“方生方死，方死方生，方可方不可，方不可方可，因是因非，因非因是……”你在说什么啊？可把我弄糊涂了，我一时摸不着头脑。你看，把你自己都催眠了，你做梦了——“栩栩然蝴蝶也”。你弄不清楚了：到底是庄周梦为蝴蝶呢，还是蝴蝶梦为庄周？

你聪明得糊涂了，我要说，倘使我是孔子，你自己不是先就说“梦为蝴蝶”吗？这就行了。你驾大鹏号飞艇，海阔天空，太不着边际。要知道，绝对呢，自然不可能；绝对的相对把一切都搅乱了：何妨平均一下，取一个中庸之道？何妨来一个立场，定一个标准？何妨来一个相对的绝对？譬如从山前看山，以看到山顶（刚刚一半）为正常，以看到山背为过敏。“鸟兽不可与同群”，一切色相之存在系于我们人的眼底，我们不妨就人立标准，我们脚踏实地，就用脚来量吧，一脚一 foot，两脚两 feet。

“哼！”庄子这时候该嗤之以鼻了，“那么你开步走，一二三四，周游列国去吧。落得后世人说一句‘夫子何为者，栖栖一代中？’你这样一来，天下多事矣。”

不，我倒要为孔子抱不平了：“你老先生既然知道相对，就不该欺负他。他比你先死，无法反驳；可是我比你后生，我也可以随便奚落你。尘土归尘，你结果还是归于一抔黄土，何苦来！你自己分不清梦与非梦，还要著书立说，留下一本糊涂账，你也多事啊，莫非也是‘知其不可而为之’吗？”

如果“知其不可而为之”仍不失为一种糊涂，则孔子也甘愿糊涂：他让自己“不知老之将至”。好几年前，我在一本无足道的外国书前面看到一幅画，名“隐者读书”，白胡子与古书页相辉映，使我大为感动，觉得埋头图书馆也许是最好的消愁办法吧。可是，自甘于某一种糊涂的、若愚的而脚踏实地的孔子，在寂寞的长途上，走走自然会到了不舍昼夜而流逝的水边，于是乎未能免俗，做了一个如果旋律地发展起来就是一首诗的，单纯的，平凡的，洁圣的，亘古的长叹——“水哉，水哉！”

那么你走在空谷里的时候，也不妨说：“斑鸠啊，斑鸠啊！”或者“鹿啊，鹿啊”。这样一束，鸟兽也可以同群了。你不妨叫公鸡对山羊说话，叫狐狸嫌葡萄酸，叫希拉(Hera)吃醋，因为宙斯(zeus)别有所欢，爱上了地上一个孩子……好不热闹！按人意的尺寸造起了神话世界，造起了童话世界，造起了寓言世界……这样一来，倘若你走在20世纪的物质文明里，你就有机械与你同群了：你可以赞美起重机的膂力，颂扬火车头的勇往，看“曼丽皇后”与“诺曼底”赛跑……好不热闹！这就是所谓文学世界吧？

这时候，庄子，你该含笑了。你扮起孙悟空，大闹“绝对”的天宫，虽然一个筋斗十万八千里，依旧翻不出如来佛的手掌，可是你究竟演了一出好戏。你看，你变蝴蝶的本领也实在高明，比后世舞台上演的“金蝉脱壳”妙得多了。假如我“思华年”，恕我也来一句“庄生晓梦迷蝴蝶”吧。“满纸荒唐言，一把辛酸泪”，不要哭，不要哭，你失败了，你也成功了。即使你不是演戏，是赶路，那么虽然你或尚未达到目的地，一长段路倒亏你走下来了。

孔子呢，你在川上喝了一口凉水，顿觉神清气爽，恢复了疲劳，现在该拄起行杖，背起行囊，脚踏实地，一脚一foot，两脚两feet，重新上路了，列国还没有走遍呢，继续周游去吧，去寻你的梦吧——寻你的“唐虞之世”，也正是人家寻“华胥同”，寻“黄金城”(El Dorado)，寻苏联童话里的“远方”……

远方，远方！——各种的远方，方向间或不同，距离容有差异！“白瑶台”“丹凤”“锦毛狮子”的世界是就在我的门前。三数十盆菊绿依旧，而我倒像环球旅行了一次。“细雨梦回鸡塞远”，怅怅地打开贴满了旅馆、轮船的花纸的行箧，检点一路上信手采摘来的花样，仔细一想——还是落套。可是在某种观点上看来，日光之下真可以说是没有新的东西。格雷的“墓畔哀歌”自然落套，因为谁不知道到头来都是一场空呢，虽然他有所给，也有所得——

He gave to misery all he had，a tear，
He gained from Heaven，twas all he wished，a friend，
（他给予坎坷一切他所有的，一滴眼泪，
他得自上苍一切他所求的，一个朋友。）

即便瓦雷里的“海滨墓园”也有人说本旨平平。不错，譬如说，如果我们知道了“生生之谓易”，知道了“葡萄苹果死于果子，而活于酒”，就意义上来说，底下这三行，实在也没有什么稀奇了：

Comme le fruit se fond en jouissance,
Comme en delice il change son absence
Dans une bouche ou sa forme se meurt！
（像果子融化而成了快慰，
像它把消失变成了甘美
在它的形体所死亡的嘴里……）

不过，虽然根株仍然离不了一样平常的泥土，这总是两朵奇葩，因为开得妙，开得美。而且，单是提到他们这几行，我就得了安慰了。格雷写那两行，好像一上一下，拨两粒清脆利落的算盘珠。一个人有了这样一笔账可结，也就不虚此生了，也就是结了实了。瓦雷里的果子呢，上口真是甜着哪。既然不免于一吃，何妨做一个可

口的果子。洛庚·史密士“满足于被折如花，消失如影，被吞没如雪片入海”呢。也罢。让种菊人来浇水吧，为我培养秋天吧。或者我自己培养一种秋天吧，我也应当有我的“白瑶台”“丹凤”的世界啊。我们不妨取中庸之道，看得近一点，让秋天代表成熟的季节，在大多数草木是结果的季节。各应其时，各展其能吧。在大多数草木，花是花，果是果；在一部分草木，花即是果，例如菊花。不过，恕我痴心地问一句，假如你像我的一位朋友的老师那样，梦为菊花，你会不会说呢：“我开给你看，纪华（随便拟的名字，其实等于×，代表你第一个想到的名字）。”

5月31日（1936年）

读沙汀小说《淘金记》

这本书出版了将近一年，还未受到应得的注意，我却以为该是抗战以来所出版的最好的一部长篇小说。我不管纸张恶劣，印刷模糊，而一口气从头读到了最后一页，第380页（全书连标点空格在内约20万字）。

国内现在大家在困难的生活条件下竟写长篇小说，当然是可喜的现象。只有新文学运动初期的难免幼稚的理论才认为小说到现代是进入了短篇时代。世界上以写短篇而被公认为大作家的也只有两位，莫泊桑和契诃夫，而他们两位也各自写了短篇小说以外的较长的重要作品，前者写了长篇的名小说，后者写了多幕的名剧。汽力电力时代速度加快了，反而才有了空前的大邮船、大军舰、大飞机，世界像小了，个人的生活空间实在更广大了。所谓“江河小说”到20世纪才特别发达。目前中国情形也无非表明新文学日趋于成年，作者渐渐有了运转大规模的气力。不管怎样，只要能把一大堆材料的千头万绪抓得着，操纵得住，组织或建造得起一个有机的整体，总不应太受小视。《淘金记》里写到的地方虽然只是四川的一个乡镇，场面却不小：一批地方上的恶棍，趁战争带来给后方社会上的大变动，“为了满足膨涨的私欲”（在《文坛》上发表的沙汀的一封信），如何向一个原先产金旺盛的山墩，一对富孀母子家的“发坟”，苍蝇逐臭似的一齐进攻，而又相互间剧烈地钩心斗角。他们的心机复杂得不下于道格拉斯飞机厂里的新机器，而得心应手的作者，却跟高悬在这些可恶的可怜虫上边的一个命运似的，稳稳地做了他们的主人。

当然，尽管小说家已经从原料中抓住了像命运一样操纵了全盘的总关键，已经有力量安排出一个有机的整体了，倘若他所创造的故事与人物相互独立的，仍然是不无可憾。只填公式，只描定型，正是我们许多小说的通病。我们大家抱住了写实主义的教条或者标榜着新写实主义的理论，不尝试也不容许独特而多样的创作活动，囿于一般性而忽略特殊性，耽于抽象的空架子而不接触到实际，结果产生出来的其实往往是从坏意义上讲的浪漫主义的作品。《淘金记》至少是给了我们以“一片”真切的“人生”。多少场面都非常活栩。例如在朝的劣绅三老爷、白酱丹和在野的流氓头儿林幺长子，听说了烧箕背产金最旺，各自偷偷摸摸去找老工人丁酒罐罐探问真情，不约而同地在一处碰齐了，就来了这样一个有声有色的场面：

> “我怕是哪个！”三老爷首先显得惊异地笑着说了，“幺哥呢！”
>
> “怎么样，来不得吗？”长子多少有点着恼。
>
> “怎么来不得？这里又没有喂得有老虎呀！”
>
> 掩盖过这些充满了心机、计谋和策略的谈话，不识不知的毛笨也在嚷着，半开玩笑地抱怨了丁酒罐罐。他是个新近才由幺长子提拔过的光棍，所以他总时刻注意到他所应有的袍哥派头。
>
> “咱们猫虎十会哨，”他急急地嚷着，“真碰齐了！我说等你吗，你说等我；可是袍哥，踩水来不得哟！咱们弟兄一是一，二是二……”

"他做什么？"幺长子望着他爆发了，"总是肝筋火旺的！"

"他说他也在等我呢……"

"的的确确，"老头子证实着，"当真等了好半天呢，不过舵长子的意思我已经知道了。那是确是实在的，一天出不了两把金子，我丁酒罐罐不姓丁了！只要你干，我钻山塞海总来一个；不来，不算光棍！"

没有人接上话，大家都忽然莫名其妙地沉默了。

这沉默的主要酿造者是幺长子和白酱丹。前者满脸的大不痛快，有哭笑不得的光景。他觉得有点进退两难，后一个是一直浮着冷然的讽刺的微笑，细着眼睛，脸蛋看来更浑圆了。

最后他终于站了起来，合意深刻地微微一笑。

"好，我先走了哇，你们细细谈吧！"

"都听得呀，又不是那个想谋王杀驾！"

幺长子锋利地回答着，没有站起来，也没有留他。

主要人物如林幺长子，白三老爷，何寡妇，何人种，彭胖，龙哥等无不真所谓要脱纸而出。

例如，这是对彭胖的有趣的刻画：

替胖人刮一回胡子，往往要浪费他很多的时间，因为间或刮到一半的时候，肥人发出鼾声，睡着了。于是代诏立刻停下剃刀，叹一口气，自己也在一旁打盹起来了，等客人起来后再又重新工作。这一天没有例外，刚才刮着下巴，老骆就不能不停下来了。

当白酱丹同着何大少爷一道走来的时候，彭尊三还在打瞌睡，神情无挂无虑，非常幸福，三老爷忍不住笑了，接着叫醒他来。

“他的瞌睡像放在荷包里的呢！”他感觉有趣地说。

胖子打了个呵欠，揩揩口涎。

“你们才来吗？”他说，“我才闷了一会儿……”

“才一会儿，”老骆叹着气，想道，“怕有半顿饭久了呢。”

“嗨！……你站着做什么哇？赶快来两刀刮完了滚吧。”

再看白三老爷吃荤烟素烟的地方作了如此的表现：

他们的误会很快就化解了。而在几分钟后，当主任重新和那游娼逗趣，假装抱怨着自己的年龄太老，说她并不真心爱他的时候，三老爷对于女人虽然早已感觉乏味，竟也很开心地打起哈声来了。他把蓄着胡子的微瘪的嘴唇贴近她去，一面亮出自己的一枚缺齿。

“你看我年轻吧，”他说，“连牙齿都没有长齐！”

要说写实，这才当真做到了。

可是，对于现实有这样丰富而深刻的认识，沙汀却并不卖弄。小说家在小说里连篇累牍地作不相干的描写，不相干的议论，实是旁骛，对于小说本身有害无益。而作者本人，就我所知，不管怎样艰苦，史诗式地克服困难，专注于艺术创造，在目前中国，几乎超过了别的任何作家（我记得他曾经写信对我说过“除了死，任何经验对于一个从事创作的都有用”）。他这本小说也似乎比别的任何小说都能屏绝旁骛，而集中本题，以致针线缜密，一笔不苟，形式与内容恰相一致地演出完整的戏剧。

文字也相应地不做任何卖弄，没有任何违反自然的标新立异，简洁到了一个难得的高度。节制里却处处洋溢着风趣；朴实里间或迸出一两个新鲜的意象。例如，“这镇上的居民能够安安稳稳睡觉，近郊的农民不必一到黄昏便把黄牛水牛牵到街上投店”。又如，“两方都针锋相对，把他们互相间的仇恨悄悄地暗藏在那些原来无关人体的话语中间，就如游击队的理伏地雷”。自三老爷当然也会口出警语：“你看现在的事情怎样搞得好啊！什么也不管，就是今天对一桶料子，明天对一桶料子，颜色越新越好。这个来给你一抹，那个来也给你一抹，以为只要刷过颜料，你总该不错了吧，嗨，殊不知天地间的事没有那么简单！夜壶还夜壶！”从这最后一例也可以见出作者的善用俚语。活用得很好的俚语，土话，也为本书增加不少声色。比这个更现成或许也更生动的例子也俯拾即是，例如，“一根灯草沾缸油，你是稀的，他是干的，沾来沾去，他总要沾你几个的呀！碰见鬼不烧纸钱得了事吗？”

读者读完了《淘金记》也许会诉说出一个大缺点：这部小说只把人黏住和局限在现实里，不给一点出路的提示。可是要使一部小说不只是一点反映，必须把握住现实，使一部小说表现出来的确实是生活。不然不是拖了不自然的尾巴，就是画蛇添足。事实上，《淘金记》到临了也来尝不令人就在“此路不通”的标记面前感到豁然开朗，有如悲剧在叫人流了眼泪以后或者喜剧叫人笑出眼泪以后所予人的宁静、清醒。一场乱搅在一起的人欲的全武行，不管胜者败者，由于连淘金也不行，远不如囤积剧种更有关国计民生的东西更来得容易发财，而好容易把金矿抢到手的也只得放弃，白三老爷到头来发觉“煮在锅里的兔子都跑掉了！”虽然这个挫折只是一个波浪的迸裂，到第二个波浪里，至少这位劣绅，做了囤积，半年以后，得以把“他那签花烟袋也擦得比以前更放亮了”。大家走在自杀的路上，大势所趋，任他翻得多高，还是迟早都同归于尽。其完场实在也和这个段落的末尾一样，就像他老先生所利用来帮闲的那个落难外甥受他自己的打发一样：当这个可怜的傀儡鬼一样的从黑暗中把头伸出来求什么的时候，“他砰的一声把门关了。而且从此他便不再觉得他还有个外甥。”（全书的最后一句。）

所以稍一回味，意义是不致就那么容易穷尽的，而且不只在反面。我向来认为发扬光明，黑暗也就自消了，现在虽然不推翻原见，可是也觉得暴露弱点，只要能深入本质，也至少坏不了什么事。沙汀居然制出了这样一面照妖镜，像 X 光似的照出了我们皮肉底下的牛鬼蛇神，牛鬼蛇神底下的人性，居然从这样的腐朽里变出或提炼出了神奇，不是炫奇的把戏，而是有意义的艺术品，反倒使我们更爱了我们这个民族，也不致对它绝望了。

昆明，12 月 8 日（1944 年）

附记：自从写了这篇短文以后（原稿写于 4 月 8 日），文字上我谨见最近《时与潮文艺》上李长之先生对《淘金记》的推崇。李先生和我，虽是朋友，却并未串通。他大致还不曾见过我这篇短评，甚至连听说都不曾听说过我曾写过它。李先生把沙汀先生的《奇异的旅程》（后改名《闯关》）拿来同《淘金记》比较，我却不敢赞同，因为前者是中篇小说，后者是长篇小说，而小说之分长、中篇，固不但在字数多少上也。可以拿来并论的应是沙汀先生的新著《困兽记》。

星水微茫忆《水星》

正餐与茶点作用不同，人也各有所偏好。当年《文学季刊》(1934年起，出了6期)、《水星》月刊(1934年10月起，出了9期，算是一卷半)，也就像大餐与小点心。前者是中国第一个大型文学杂志，开当前全国例如《收获》一类大型文学刊物的先河。曹禺的五幕剧《雷雨》就在《文学季刊》上一期登完，一举成名。当时北平的经售书商，见《季刊》销路好，眼红，商请出资另办一个小型纯登创作的文学月刊。《季刊》挂帅人郑振铎、巴金和主要负责人靳以，乐得有一个“副刊”，因为有同一个来源，只需一副炉灶、一副人手。

1933年暑假，为了筹备办《文学季刊》，靳以在北海三座门大街14号租了前院南北屋各三间，另附门房、厨房、厕所，门向东的一套房。巴金家住在上海，北来就和靳以同住(当时都是单身人)，和靳以共桌看稿件。西谛在燕京大学当教授，城内城外来回跑，也常去三座门。门庭若市，不仅城外清华大学和燕京大学的一些青年文友常来驻足，沙滩北京大学内外的一些，也常来聚首。我当年暑假毕业，原早就不务正业，不想出洋留学，想留在北平，以译书为生，搞我的文学创作。当年秋初，我被曹禺拉去保定育德中学接代他教课(他大约只教了一两周)。我去教到学期终了，报酬虽特高，课却特重，身体也实在顶不住，索性辞职，回北京，寄住千家驹家，主要为杨振声、沈从文、萧乾给天津《大公报》编的“文艺”版自由译稿。平时我和李广田、何其芳常去帮靳以看看诗文稿，推荐一些稿。《季刊》出了两期，巴金不大从上海来了，后来又去了日本东京。我接替巴金，住进了他惯住的北屋西头一间。书局每月给我数十元编辑费，我算有了一个职业，一个固定基本生活资料。接着由余上沅介绍,在胡适主持的中华文化教育基金会编译会特约译稿。1934 年夏天，我们组成一个附属月刊名义上的编委会，决定了就挂郑振铎、巴金、沈从文、李健吾、靳以和我六个人名字。我实际分工负责这个相当于副刊的编务。

当时北平与上海，学院与文坛，两者之间，有一道无形的鸿沟。尽管一则主要是保守的，一则主要是进步的，一般说来，都是正直的，所以搭桥不难。实际上，文人学子，南来北往一直是频繁的。不过其中有几阵潮汐。北伐战争前，北洋军阀政府日益猖狂，许多有名声的教授学者纷纷南下。北伐战争后，北京成为故都，改名北平，一些人留在南京做官，或相反，留在上海和其他地方干进步或革命活动，另一些人又回来了。“九·一八”事件以后，清华大学学生还是南方人数居绝对优势，北京大学教师当中还保持“五四”以来突出的江浙籍传统影响。日军在国民党政府“攘外必先安内”的鼓励下，侵吞了当时我国的“东北四省”，1933 年经过喜峰口战役，一度从古北口兵临北平城下。以后北平成了边域，暂得苟安，也又从南方（主要是上海）引来了一些新旧客居人。就我们这个月刊名义上的编委会六个人而论，巴金是初来北平作客；郑振铎是北上南下好几回了；沈从文是北上南下才刚又北上定居；李健吾原在北方，刚从法国回来，暂留旧地，以后到解放前又一直以上海为工作基地；靳以是由津到沪上大学后北回，我则是从上海读完高中来此上大学后留下的。地理上的南北交流本也不是有什么不便。当时文学上硬分南派北派实属无稽，乱搬用戏曲界“京派”“海派”名称，并不适当，就思想倾向论，却自有也并非截然的分野。

地域的交通，仅仅是表面的，却也说明了内在或潜在的趋向。

我们，至少是我，当时还不知道“统一战线”这个名词，当然更想不到令日的“双百”方针。我们没有想拟发刊词，无言中一致想求同存异，各放异彩。不是要办同人刊物，却自有一种倾向性——团结多数，对外开放，造船架桥。《文学季刊》先这样办了，也就给它的附属月刊定了名子。这里是否有一条政治路线的引导，郑振铎也许明白，巴金、靳以当时似乎并来意识到，我们另外几个人更少考虑。我自己按既定方针干，倒更像纯出于艺术良心。

就刊物而论，就我个人趣向而论，我中学时代在南方（应说“南中”），原看重上海的《创造》月刊（引起我注意的对期已在《创造季刊》时代以后了）甚于《小说月报》，偶尔听说北京的《现代评论》与《语丝》之争，就偏向后者。稍后在上海上学，同时注意了鲁迅主编的横排版《奔流》和开头是徐志摩主编的方块直排版《新月》，极少看丽者的内容，非常欣赏两者既大方又别致的封面（当时爱啃《思想》杂志里看不懂的革命理论文章）。但是1929年到北京上学，正式受教于徐志摩（他在北京大学教我课，不过是从1931年1月到11月），叶公超（他是第一个引起我对二三十年代艾略特、晚期叶芝，左倾的奥顿等英美现代派诗风兴趣的），又结识了当时划归《新月》派的师辈、长辈闻一多、方令孺、林徽因等诗人，被陈梦家不跟本人打招呼挑了几首诗编入了《新月诗选》（同时排斥了臧克家在《新月》上发表过的一些诗，倒使他免被戴上了《新月》派的帽子）。我确也出入他们的门下，多少陷于“学院”派圈子里了。实际上我当时开始从法文原作也爱好了19世纪后期法国从波德莱尔起的现代诗，也已经开始同戴望舒为主将的《现代》

派诗风有接近处，而李广田、何其芳（其实他先用另名在《新月》上发表过诗）也是在《现代》上发表诗而开始为人注意的。但是独立而不事论争的《文学季刊》显得无形中接受了上海当时较为踏实的文坛主流派的影响，向北平正直而较少明显派系色彩的学院文人伸了手。这个际遇、机缘，就我个人说，也扩大了视域、交游，虽然和北平学院派还是相处无间。我一方面例如还给叶公超、余上沅、林徽因等继《新月》停刊后所办的《学文》（只出了一、二期）供稿，一方面并不力争他们为这个新办刊物供稿。沈从文本也是《新月》派的“乡下人”，不是学院派，作为《文学季刊》附属月刊的编委，也不出这方面的主意。（其实原算《现代评论》派人员也是复杂的：徐志摩在大是大非问题上明明可以一分为二，当时明白反共的张奚如、地质学家李四光、戏剧家丁西林，写过小说《玉君》的杨振声后来的表现是有目共睹，即使写《闲话》的西滢后来也安稳了，最后推测还做了一桩好事，这可能只有现在还旅居英国的爱国华人女作家凌叔华知道了。继承《现代评论》的《新月》派人员也是如此，方令孺、林徽因等，所作所为，大家也是知道的，更不用提闻一多了。）《文学季刊》也不是存心排斥，此中或缘时会，或顾到影响，冷淡《新月》派中人和《现代》派中人，并不是《文学季刊》和它的附属月刊的固定方针。

我们不准备拟发刊词之类；刊物名字却总得想一个。一个夏晚，我们不限于名为编委的几个人，到北海五龙亭喝茶，记得亭上人满，只得也乐得在亭东占一张僻远而临湖的小桌子。看来像大有闲情逸兴，其实我们忧国忧时，只是无从谈起，眼前只是写作心热，工作心切。一壶两壶清茶之间，我们提出了一些刊物名字。因为不是月夜，对岸白塔不显，白石长桥栏杆间只偶现车灯的里火，面前星水微茫，不记得是谁提出了《水星》这个名字，虽然当时也不是见到这颗旧称“辰星”的时候。当时文学刊物名称也不像今日这样流行了各种各样带有诗意的名称，而一般性文学刊物名称也用尽了。大家认为这个《水星》刊名倒也别致。过去十分重要的文学杂志《法兰西信使》，当时还有重要地位的英同《伦敦信使》以及不那么响亮的《美国信使》，都被国内报刊误译为什么什么《水星》，早就传开了，沿用了，我们也知道。《水星》就《水星》吧，以星取名，也知道这颗行星离太阳最近，星上也不可能有水，《水星》上不加“中国”或“北平”，也表明与这些西方刊物有别。我们还是怕误会，想来想去，又想不出别的，就用出了。还是怕招人讪笑，我在第二期“编辑室”语上写了一段取名的说明，后来在第一卷六期合订本里封面中间就摘取了这段说明的最后这句话：

> 这个刊物用了《水星》的名字，正如八大行星中这个小行星用了神使迈尔克留斯的名字，也正如人名字叫阿猫阿狗——记号而已。

靳以编刊物的魄力真是了不起。办起了一大一小两个刊物的“编辑部”规模却还是一样小。我们在这个以靳以为“户主”的小院里，连他和我这个副手，就是四个人。另两位一个是白天来上几小时班的校对和一个看家的门房兼收发兼通讯员兼厨师。据芦焚（师陀）回忆说，我还曾亲自到沙滩中老胡同他的住处送过稿费。

一大一小两个刊物，按期出版，当然也得归功于书店方面的努力和效力。首先当然是感谢郑振铎、巴金两位以及一些义务组稿人员，从来稿中又形成一支基本队伍。编委自己又供稿不息，不把同时给《文学季刊》供稿计算在内，仅巴金、靳以、沈从文、李健吾、郑振铎和我发的诗文就占了三、四分之一。

编委以外，本常在一起或原不相识，从第一卷起发表诗文共四篇以上的有李广田、何其芳、蹇先艾、（杜）南星、萧乾、芦焚、李威深、臧克家。

至于发表诗文在三篇至一篇的撰稿人名单就长了。其中有：何家槐、盛成、（程）鹤西、吴伯萧、丽尼，骆芳、曹未风、张天翼、万迪鹤、周作人、废名、李溶华、卢焱、罗念生（罗喉）、艾芜、茅盾、毕奂午、荒煤、单卻、刊、望、林丁、易椿年、老舍、朱自清（佩弦）、方敬、（邱）东平、杨吉甫、野蕻、张天、（王）英子、孙毓棠、辛笛，梁宗岱、冰心、曹葆华、陈雨门等。

从这个不全的名单就可以想见诗文内容和风格是形形色色的，也足见刊物自有并无排他性的特点。就思想倾向性而论，作者中除了一些下落不明的，其中极大多数人从中间状态走上了革命道路。从人名看诗文，当时对社会影响也不会截然相反。其中周作人后来虽有一个极不光彩的下场，但从历史主义的观点看，他迟至1937年全面抗日战争爆发前，还没有什么汉奸言行。他在1934、1935年间发表在《水星》第一卷上的三篇文章是《骨董小记》《论语小记》和《关于画廊》，也只是隐约透露出一些不甘寂寞的矛盾心情。

当时靳以和我十分欣赏的邱东平散文或小说短作，文章风格似粗而细，似直而曲，节奏快而韵味长。他是在全面抗战开始后不久在南京一带真刀真枪打游击作战牺牲，成了革命烈士。

刊物登载过两三篇以上的不知名投稿者的文章，其中有靳以和我寄予最大期望的张天（用灵活口语的短篇小说作者，好像是河南南阳一带人）、靳以先挑出的李威深，我先看中的李溶华。发表过一首诗的林丁，当时是一个小青年，从济南和我通过信。解放后不久，我在北京接过他从安徽寄来的信和照片，好像还在北京见过他，名字记得是叫了“王化东”，已算是革命老干部了。

靳以挑了大小两刊一个编辑部的重担，还能照常从事他自己的文学创作，主要写短篇小说。我可不同，搞了编务，就顾不来特约译书，面临失去主要生活保障的危险。当时日本生活费用便宜，巴金正在东京住。梁宗岱受北京大学排斥，偕新夫人沉樱住叶山海滨。我有老同学吴廷璆在京都帝国大学读书，我不通日语，可以投靠他在这个清静的故都闭门译书。我编了《水星》第一卷（六期），只好走了。这样靳以就一个人同叫负责了两个刊物，编辑部全部人员由四变三。北平表面平静，形势口非，靳以也顶不住了，就准备到1935年夏天，等《文季月刊》出到了一年半，《水星》出到了一卷半，就此收摊。南下上海后，靳以保持原有编辑路线，试编了《文季月刊》，接着改办《文丛》，直到“八·一三”抗日战争全面爆发。

今天真难设想过去几个人以至一个人怎样能同时编一个大型季刊和一个小型月刊。

当然，首先是条件不同。我们这种刊物不挂鲜明的政治旗帜，不用剑拔弩张的语言，不放火药味空气，而当时国民党文艺统治势力愚昧无知，所以承受压力不大。

就《水星》这个小刊物而论，我们撰稿人有一个基本队伍，又跟《季刊》可以互相调剂稿件，基本上可以自给自足。刊物既不迎合庸俗趣味，也不附庸风雅（二者实际是相通的），容易得到严肃作家的支持。

刊物虽是同人刊物，却不是宗派刊物，是开放的，没有排他性，不偏狭，又自有特色，并不趋时看风，外来稿件，也就比较单纯整齐，刊用率较高。

纯登文学创作，也是省事，虽然刊名既叫了《水星》，我个人私念却决不想模仿《法兰西信使》，而把继其后成为有影响的开明以至当时甚至说得上进步的《新法兰西评论》（简称nrf，与英国艾略特主编的保守的《准绳》和意大利、德国各一刊物并列为四大权威杂志）作为理想文学刊物，既登作品，也登评论，并以近四分之一篇幅登书评。限于能力，欲仿无从，结果只从第二期起，由我出主意，仅在封面设计上吸取这个刊物的方式，封面上就刊登本期内容（篇名和作者名），白底黑字，只用红色印刊名与月份，没有装饰，期期如此，却也省事。

我们没有办刊物经验，也许倒可以说不势利，不煞费苦心，考虑把谁的稿子“发头条”，也不以香港所谓“知名度”大小为准，而根据拦目的随时变动而随时排前列后（当然有时也未能免俗）。我们不枉费心机，不顾实际或锦上添花而人工树立谁的威望或人工控制谁的名声。

我们也不是无所用心，只是心思主要用在权衡稿子的性质、质量，合用与否。不用则退，难免主观，也就不说理由。决定刊用，则并不自以为是，除非改正明显的错字、漏字，不乱改来稿。

省事自也有缺点：不够关心，联系，耐心帮助投稿的青年。但是，至少靳以和我也还是青年，我们不敢指手耐脚，惟恐误人子弟。我们不进行“扶植”，以防拔苗助长。至于给谁捧场或如今日所谓“宣传”，这种人为的好意行径，我们是懒得去做的。我们也许算悠闲，不急功近利，不求立竿见影，但我们也可以说相信群众，相信时间。

再从将近半世纪前回看今日，文学刊物兴旺发达，不仅数量，远非昔比。条件优越，首先是上有明确的原则领导，下有觉醒的读众选择。这种优越条件似乎也有还不曾利用好的地方。我倒设想过，何妨办一些流派（非宗派）刊物。这样，一见刊物，特色鲜明，购买阅读，各取所需，金钱上时间上也就经济得多；这对于促进祖同社会主义现代化，恐怕也会起有效的作用。

承《读书》约写回忆《水星》的文章，固辞不获，好像也是义不容辞吧？面对今日北京的热火朝天，一回忆北平昔日的低潮时代，苟安时代，苦闷时代，也就像我们几个人为刊物命名当时的眼前景色——星、水微茫。我的记忆也就像这样依稀朦胧了。承《读书》负责人，热情为我从一位收藏家那里借来了全部九期《水星》旧刊，略一翻阅，物证总算使我的回忆落实了一点。

1983年5月30日

（原载《读书》1983年第10期）

地图在动（旧作重刊）

中国一般人向来对于地图不感兴趣，可是现在沉睡的地图在动了。在前方的战场上、营垒里不算，在全国各地都见到地图向人睁大了眼睛：

在上海战事刚开始的时候，w 县的郭老太太，一见在外边读书的儿子回来，就问他说宜昌听得见炮声不。于是中学生书箱里一本中国地图摊开在慈祥的老人眼前了。

听说南京陷落的时候，年轻的郑太太问郑先生说："苏州丢了没有？"于是在黯淡的灯光下，一只手指在江苏省图的京沪铁路线上巡回了好几次。

因为不知道信阳是一个地名，挨了发电报的顾客唾骂说："就算你不是在电报局做事的，这些日子在报上不是天天可以发现这个地名吗！"刘佩章傍晚回家的时候，带了一本借来的地图集在洋车上翻来翻去。

同时，洋车夫邱大个，停了空车，在街角上拉住了挑汤圆担子，识几个字的王二，要他从新画在墙上的中国北半部地图上指徐州给他看。原来他听大家说徐州重要，而且他有一个弟弟最近来信说已经跟部队开到了徐州。

C 城的耆老十余人在颜芝老家里讨论发电报请出师。他们谈论着某朝某某二将力扼某关某镇，S 省得免于浩劫。这些地方是现在的什么地方？与本省地势上有什么关系？“我们也看看地图吧，嘿嘿，地图。”他们中有人说。于是新式的地图也闯进了一种古香古色的空气里。

惦记太太在山东，正在逃难中，在后方的徐先生对山东地势知道得越发详尽了。他正在与客人闲谈，提及诸城到临沂有多长一段距离的时候，他把大拇指从梢起第二节与第三节之间一按说：“有这么长”——意思是一百多公里。他太熟悉了他自己身边那本地图的比例尺。

聪明洒脱，平时出门不大管方向的乔小姐从战区里辗转出来了以后，逢到人家问所经的路线，居然说：“我指给你看，拿地图来。”侵略者为中国人民发动了中国地图。

（发表于1938年5月1日出版的《工作》第4期）

漏室鸣

刘禹锡《陋室铭》开头说："山不在高，有仙则名；水不在深，有龙则灵。"我不是唯心论者，固然也重视精神价值，一忆及此，就觉得远不如欣赏杜诗："安得广厦千万间，大庇天下寒士俱欢颜，风雨不动安如山……吾庐独破受冻死亦足。"

这几年北京高楼大厦拔地而起，真如雨后春笋。我从 1929 年秋后来北平，以此为居住与出外游动工作的基点，到 1937 年春初南返的 7 年，又从 1949 年春初从英国客居归来以此作长住中心的 30 多年，第一次看到这样的大好新气象，自然心欢。我辈寒士，解放以后，也翻了身，现在更欣逢治世，让一部分人先富起来，实为祖国现代化必由之路，也还大可以乐社会主义之道。

我们家迁来"学部"新建成的四层宿舍楼，是在 1962 年 8 月，以前有过荣幸，就住梅兰芳尔城故居之一的西大院正厅。那里早改成"学部"的宿舍之一，地点在无量大人胡同东口内。我在苏州护龙街偶得的一本《京师五城坊巷胡同集》，原是明嘉靖年间张爵编纂、清刘承干校刻的，经过劫乱，今尚幸存。刘在序文中说："夫时序迭迁，变化密移。即今日之京师，追溯吾生所逮见者，不及数十年，已非旧观。诵杜工部'王侯第宅皆新主，文武衣冠异昔时'之句，感慨系之。况更上溯所传闻之世，当时所谓壮观巨丽，今或沦为邱墟，荡为烟云，徒摩挲遗编，凭吊兴衰，以寄其旧国旧都之思。虽然今周然矣，又安知后之视今，不犹今之视昔耶。”据该书，干面胡同，明朝也就有此称，无量大人胡同则叫吴良大人胡同。叫清易主，“吴良”不知何处去，也只改成个“无量”而已。“红海洋”泛滥，这条胡同，名去“大人”，应该，“无量”不正好吗，却荣膺了“红星”的尊号。刘序“感慨”与我们今日根本不同。我们现在观变，只感不免跟不上新时期新势头，虽然向后看也和向前看有一定的辩证关系。

为前瞻而后顾，由大及小，我可算命硬，一生中也遭过几番不测，不知规避，却总能身免，所以至今老而不死，虽然碍路，自己还是乐观。23年前，这座“学部”宿舍楼落成，我们家搬来，荣受抬举，高踞顶层，再上面就是用预制水泥充花砖拼成的大平台。楼新建才半年，一场雪花，一天后半夜轰然一声，住处向阳的唯一大间顶上垮下一角丈把宽、寸把厚的水泥层。当时我不睡此间，家里有人在此，卧铺偏巧又靠远了一点，让一个旧立柜顶了天。“补天”以后，经过唐山大地震的摇撼，安然无恙，至今黑灰灰一片“真迹”犹在。

远在震前，从干校回来，我们家调整房间安排，一时不再把“革”空了的这间作卧室，只逢夏晚天热，由我在这里睡一张折叠床，开门享受与厨房的空气对流。那天凌晨，地震波袭来，把这里一角书柜门掀开，抛书满地，正傍小床头的一架长立镜正扑倒枕上，玻璃片像榴霰弹纷飞，可是没有伤及我一根毫毛，因为恰好在一秒钟以前。我去厕所了。

地震过后，全楼表面似未遭大损伤，我们家自己也看到一些小裂缝，似无大碍。“学部”独立成为中国社会科学院后，把楼顶大平台铺油毡，上覆小砾石。本来，大平台早就成附近街区的运动场，作践到终于无用。后来，经由平台底下夹层里穿下来的通电暗线水泥护管，大致被震裂了，近年来竟成了向我们家下注雨水的通途。去年我们家漏区扩大了，从厨房、漱洗间延伸到北区一小间卧室，几次申请改装明线，堵护管裂口，无人受理。一场不大的雨后，一开漱洗间电灯，就只见不远的电表上火光四起，幸及时关闸，未酿成火灾。经反复请修，院部房修处派工用水泥在大平台油毡上压压边缝，并好像照“小花脸”谱随便抹上几道。这一下，雨水却更集中我们楼中间四层两家的顶上，一雨成天池，一晴变漏空的雁荡。我们顶上的小湖可就把雨水集注我们家的北半部室内，幸还未成瀑布。

说来怪有意思，老伴和我都是长期失眠症患者。她倒还不怕，在北向卧室电灯底下盛一只盆，如天还不太热，就在单被上搭一块塑料布。任它滴漏到天明。白天床中央也加盛一只盆。厨房里除了地上中央一盆，围盛几只还不够，做饭需戴斗笠！

今年信息来得更早，四月三日一场细无声的夜雨，就叫我们家北小三间像漏滴铜壶。雨早停了，中午厨房里还是滴水。在北京，向来是“春雨贵如油”，我们家这就得天独厚了。

我们老两口是南边人。我乡音未改，从小熟悉的“小楼一夜听春雨”“丁香空结雨中愁”之类的诗句，老来又常萦脑际，虽然越老越想跟时间赛跑，还只得埋头熬夜。北地丁香花开，又不像江南，常和雨无缘。我在1972年从干校回来，秋天在本单位扫院子时候，戏捡几颗丁香花籽，拿回住处阳台一角，积土一埋，第二年长出树苗，经过九年，成然开了紫色花簇，此刻又盛开了。但是我昨晚听天气预报，一闻有雨，先就惊心，今早见雨洒丁香，真难得！我也不免发愁——却不是闲愁，是愁雨漏。

北京新楼林立，不免有多少漏室。远的不说，除我们和对门一家，同楼还有多少家住户，一朝电线走火成灾或者房垮中段，难免殃及全楼。想来房修负责诸公不会对此无动于衷，而有为住户排忧解难之心，认真为尚未成废墟的旧楼顶做未雨绸缪的整顿。他们不是正忙于——“整改”吗？

1985年4月15日

（原载1985年5月5～6日《北京晚报》第2版）

合璧记趣

1953年，我南返江、浙，经年参加农业生产合作化试点工作。我以今属富阳的山村为工作基点，春、秋两度到吴县四乡访问并交流经验。秋天邵一次，不仅走访了光福、木渎车坊，而且重住陆墓阳澄湖边的农家多日。一晚在苏州城里滞留，恰巧被接待住旧友张充和旧居——我过去熟悉的她曾独住的一间楼室。当时楼还在，室内空荡荡，还没有人占用过。秋夜枯坐原主人留下的空书桌前，偶翻空抽屉，赫然瞥见一束无人过问的字稿，取出一看，原来是沈尹默给充和圈改的几首词稿。当即取走保存，多年后，经十年动乱，却还幸存。1980年应邀访美两个月，携置行箧，得机重逢故人，当即奉归物主。恰巧充和手头还留有沈老为此订稿寄她的原信，只缺所附词稿。两件经30多年的流散，重又璧台，在座宾友，得知经过，同声齐称妙遇。

前一阵《诗书画》拟向张充和索字，我怕她不轻于应允，就自告奋勇，在经年未通音问后，贸然写信给她，估计她近来懒于挥毫（正如我经常懒于写信），征询她可否即将此一信一稿，复印寄来应需。不久她回信同意，附来复印件两份，并说明沈信末署“廿日”，应为1944年夏月“廿日”，时同在重庆。信上还说“得失文章事，寸心已渺茫”。自己不关心这些“少作”，而这几首经沈老圈改后，自己又重改过，“鹊桥仙”末句已早改为“凭问取个中消息”，其他也就不管了。

沈信上所说“新词数阕”，实多为若干年前习作。另有以“小轩凉纳千山绿”起句的“菩萨蛮”“鹧鸪天”“鹊桥仙”三首则是1938年春夏间在成都青城山所作，她给我看过初稿。另外，“浣溪沙”末句“倚舷低唱牡丹亭”，原为“驻篙低唱牡丹亭”。充和曾面告我，过去罗庸教授看了，不以为然：一个“低唱牡丹亭”的闺秀居然撑篙！但我认为充和决不正是杜丽娘式的人物。虽然擅唱“惊梦”“寻梦”诸曲，也会撑篙淘气，这倒正合她不同凡俗的性格。不知识者以为如何。

1985年9月4日

（曾载《诗书画》第21期，1985年11月5日）

题王奉梅演唱《题曲》

——冬日为“传”字辈昆剧家纪念演出传响

[戏代楔子]《题曲》主题诗原文：

夜雨幽窗不可听，
挑灯闲看《牡丹亭》。
人间亦有痴于我，
岂独伤心是小青！

1985 年 11 月 14 日纪念海内外已故“传”字辈昆曲艺术家专场演出成功，特别是姚传芗高足浙江昆剧团王奉梅演唱《题曲》，倾倒四座，“曲终人”更“见”，竟使老朽（舞台演艺欣赏的外行，西剧文学研究的冬烘）也作了并非礼节性的鼓掌。

我成为昆曲“门外迷”，也远超过半个世纪了。《题曲》吟诗一段唱腔，向来令我神往，虽然我过去既不知小青姓乔，更不知这折戏出自《疗妒羹》一剧。抗战初期，流离中我受一位朋友所托，珍藏她原先用铝盘白录所唱几段名曲，包括《题曲》吟诗一段，后来历经劫乱，居然幸存，可惜都已锈坏。1980 年访美，又承老友用磁带把她后来唱的几支曲段转录了送给我带回国，其中也就有《题曲》这一段吟诗徒唱。半世纪以前同一段灌片听起来也哀婉动人，娇嫩一点，正显得年轻呀。后来这一段录音，显出功力到家，有点苍劲了。

岁月总会给艺术家的艺术带来矛盾性的损益。

老来我反而越发事繁，想到赶工作来日无多，全无闲情逸兴去游山玩水，更不说应邀出国游方吹牛，看戏当然也不在其内。市隐蛰居，这次好不容易，撇下忙迫的下头万绪，专诚出窟去剧场，却正欣逢生平第一次看难度极大的《题曲》演出，又正逢王奉梅同志恰到好处的演唱，大饱眼福耳福，快如之何！

作为折子戏，《题曲》编写本身，别具匠心，表现读《牡丹亭》、题《牡丹亭》，戏中有戏，把汤显祖名剧的精华撷英浓缩，几乎全熔于一炉。更难得王奉梅同志这位年轻演员居然演唱得炉火纯青，一立、一坐、一挥袖、一举手、一投足、一挑灯、一展卷、一握管，形随音转，身段娴适，蓄势而传神，吐字板眼清晰，含而不露而韵味悠长，近乎天衣无缝。至于扮相秀丽、戏装素雅，独属余事。整个演唱就是一首优美的诗，中国诗传统的一个方面的形象化。

复古不足为训；民族气派，却不容置诸脑后。我现在，就艺术倾向说，好像成了保守派，倒不怕仍戴“现代派”帽子，这和祖国社会主义现代化实属两回事，却也一脉相通。不保持与发扬我国优秀一方面的民族风格，我们决不可能跻身现代世界文艺前列。王奉梅同志《题曲》演唱本身可称为一篇“纯诗”（过去我倒一向不赞同借用这个外来术语）。但是这在今日就正富于教育意义。目前国内也不乏新流行歌曲佳品，可惜庸俗、低级趣味的东西在社会上泛滥成灾。我并不蔑视“下里巴人”而只求“阳春白雪”，因为中外古今皆然，文艺名著中往往雅有俗意，俗有雅味。莎士比亚和汤显祖两位同年逝世的戏剧家，也正是两者俱备，藻饰有时也难掩肉感，俚词也常露灵气，都无关宏旨、不伤风化。我们现在不正需要大力建设精神文明吗？我们欣欣向荣的花花世界里，蛮性遗留、兽性发作的言行，似也时有所闻，时有所见，触目惊心。文艺家应算文明人了，更应警惕。

在文艺界，另一方面，不仅不知鉴别、盲目照搬洋花招，还跟一知半解的洋人一起，片面把舞龙灯、跳狮子、放爆竹之类，总之还谈不上"打击乐"的"闹"尊为中国文化的惟一特征。再加以洋化、"现代化"，滥用激光添彩，乱用天旋地转镜头。恕我辈老朽实在跟不上"时代节奏"，受不了时髦噱头，尽管我们还能欣赏关汉卿北曲里的多字快板句和现存吴歌叙事诗中的多字密集插句。应承认代谢是正常规律，无司厚非。这里却不见得只是"代沟"问题。如其噪音会成污染，色相错乱也会；要是不只少数人不甘参与创造错乱世界，愿建立和谐秩序，那么容许人得空间或看看听听像王奉梅同志演唱《题曲》那样的容与、端庄、潇洒、大方、蕴藉、亲切的中国风度与气派如何？

她的《题曲》演唱，是有典型"书卷气"的，而昆曲艺术，恰到火候处，不仅生、旦，即便净、丑，同样可以有"书卷气"（此说非单为"臭老九"抹粉自明）。这种剧艺，有时自不免有"儿女情长"的幻梦情节，和"矫如龙翔"的架式表演，我相信不会就导致正常青年"英雄气短"而偷鸡摸狗，甚至沦为男盗女娼。这种潜移默化的美感教育，为转换世风，比诸痛心疾首，大声疾呼，当更易见效。

当然，这场《题曲》演唱也总有疵可求。我也有一点外行的怀疑，吟诗唱到"岂独伤心是小青"的末一句，就泣不成声，把尾字吃掉了，这是否为增强戏剧效果而割舍乐调完整？可是我再一想，这种处理也许可以做到无声胜有声吧？

回想30年代初期，一位英国少爵爷审美名士，执教北京大学，第一个向西方介绍新诗的，就无场不看北昆剧团演出，当时，还无缘看到南昆穷班子来北平。我偶尔随朋友去广和楼或吉祥戏院看北昆演出，总会碰见他坐在前排，同时也就迎对了台上陈旧行头里的卖力献技、幕布上仅绣的古诗两句："不惜歌者苦／但伤知音稀"，和全场三四十听众共同做了这两句诗的图解。所幸旧中国和新中国的一些苦难日子不可能再来了，如今南昆北昆携手协作，海内海外业余曲友大力支持，可以期待曾被陈毅元帅称为中国二三百年来各地方剧种渊源的昆曲艺术，从一度濒临灭顶中重振起来，焕发青春，为两个文明的建设立新功，促进文艺创作各部门（包括话剧、电影、电视）相互切磋、共扬国格的纯正新局面、新繁荣。

〔尾声〕步原字原韵，问拗平仄，杂套杂拼，叠词叠意，颠三倒四，滑舌弄腔，作为蒙太奇、对位音，以硬骨撑柔肠，以欢欣冲哀怨，戏和《题曲》一折主题诗，打油一首。

为明白无误、不容曲解曲伸起见，作注在先：（一）“游园”折有“雨丝风片”等奇妙句；“更”取上声字义，凄风苦雨。人间辛酸，进入艺术，一经升华，即可收美感净化之功、性情陶冶之效。（二）出典有“我是梦中传彩笔”；《题曲》一折戏中有戏，宛似像雕，球中套球。（三）出典又有“江清歌扇底/野旷舞衣前”；孔门弟子“有教无类”。（四）钱起《湘灵鼓瑟》诗有句云“曲终人不见/江上数峰青”；杜甫诗有句云“舍南舍北皆春水/但见群鸥日日来”，亦再套用，借以联想“南”“北”交流，前程似锦，春意盎然，指日可期。

风片雨丝帐更听，
欣逢“传”梦巧穿《亭》。
舞衣歌扇浑无类，
定见群峰日日青！

1985年11月16日，11月25日

（原载1985年11月29～30日《北京晚报》第3版）

隆情可贵，感怀难抒

——函谢巴金兼向诸多友好致意

老巴：

近年来听说你体力日衰，不断受病痛折磨，时在念中；声誉日隆，一再得国际颁奖，时为雀跃。只因腿软手抖，既懒于远出登门探望，又疏于伏案修书祝贺，知我如你，当然不会介意。

这次昆明西南联大旧人，袁可嘉、杜运燮、巫宁坤三位，为了我碌碌不足称道的从事著译活动60周年，也为了我更怕提说的80初度，起意编纪念论文集，建议开学术讨论会，我是谢绝这番好意的，但终因盛情难却，未能坚持到底。又难得河北教育出版社，在出书困难的今日，不惜破费，既慨允出版这本冷门书，又资助中国社会科学院外国文学研究所在此举行讨论会，我虽还是坚持了不惊扰像你、像冯至、像臧克家这样比我还年长好几岁的老朋友的，想不到人家还饶不了你们。害得有的（像君培——冯至）带病亲切写诗送到会场相赠，有的（像克家）热情写了诗连夜失眠亲自赶来登台朗诵，特别害得你老远从上海托朱雯同志来这里给我送花篮，叫我感激到不知所措，也令我愧煞，直感到无地自容。我从不习惯于承受这种隆情厚谊的洋溢表现和像你这样给我不敢当的光彩。我感到非常不安，在济济一堂的友好当中，晕头转向，连许多熟人都认不清面孔，叫不出名字，更顾不得一一招呼了，而实际上对其中不常见的知交以至不相识的友好，都本有千言万语好谈，现在喜悦和铭感也就尽置诸不言中了。作为当事人，兴师动众而成为众矢之的，说来好笑，倒不如本亦可从简而枉蒙以告别仪式相加的死者省心，因为丢下臭皮囊的长眠者倒可以安然（不知不觉）躺在那里，不用担心这种场合有什么失礼处了，不是吗？

我已下定决心，事先要立下遗嘱，声明自己死后千万把遗体就送给所在医院作解剖用，如发现并无病毒会污染什么，就把骨灰作肥料用，决不留存，白占一点宝贵的空间，也不要费神去撒给什么江湖河海，不举行任何悼念仪式，不通知亲友，这样不致身后还惊扰大家。

当然，活着逢这种热闹，也自有长处：当事人总是和到场或知逆而因故不克到场的友好保持了情感交流，不像死者不可能有任何反应。只是，也有短处，人还活着，总有责任自己来一一答谢，例如我乱了几天，直到现在还没有顾得来向各方面答谢一声，连给你写信，也拖到此刻才动笔。

常听说你现在写字困难，我如今在这方面正在赶超你，连写一封信都不容易，拖沓噜苏，不写则已，一写就不可收拾，又总是错漏字百出，改不胜改。我经常心烦意乱，思路难集中，自知年老昏聩不在话下，如今急切向你略表寸心，幸恕写得潦草凌乱。上海今年奇热，请多保养身体，不是仅为个人自己和亲友，而更是为祖国和人民，得以多发一分光。

之琳

1990年8月13日

忆“林场茅屋”答谢冯至

——复《冯至专号》约稿信

伟明先生：

谢谢来信。听说《诗双月刊》要出《冯至专号》，甚为欣慰；约我供稿，则我更不仅义不容辞而已。去年盛暑，承君培（冯至）不顾身体不适，信手挥毫写新诗一首相赠，不胜感激，随即得读他新出版的《立斜阳集》诗文（从其中《昆明往事·林场茅屋》读起），进而重读《冯至选集》，感到有千言万语要说。最初拟写诗一首，题即定为《忆“林场茅屋”答谢冯至》，写出了头几行，改了又改，从夏到秋，不知糟蹋了多少张稿纸，总写不成形，不得已全付诸一炬了事。现在草稿都不存了，否则倒可以勉应你们的盛情邀约，首先借你们刊物的宝贵篇幅发表一下，略表我的心意。如令交得出来的还只是这样一个题目。为了不完全是白卷，现特赶写一信作点说明，也许可以给你们的《专号》补补白。

“老去渐于声律细”，多承个别知音借此策励，即使就我的小规格而言，也自不敢当，我在这方面已只能说说空话了。年来我爱拈弄古人“梦笔生花”这句妙语，实出于自我解嘲，非敢自诩曾有过什么“才”，无非自认真已“尽”了，再也写不出什么还有点像样的篇什。去年抛给你们《诗双月刊》1989年所写《小游长州岛》八行忆旧作，已远不足尽如己意；后来空悲旧友凋零，勉力写《挽陈敬容》一诗志哀，写出来一看，艺术上更不像样到不敢示人，只能抱憾废弃以免反有负故人。

这次君培赠诗，又一度引发了我的诗兴，所以未成，力不从心以外，另有一个客观原因，即内容越写越庞杂，已非分行韵文的形式所适于运载。

现在我只依稀记得开头我想说：冯也虽曾经沧海，并来认八百里滇池“难为水”，更受惠于东山的一泓清泉，泉脉所滋养的方圆二十里松林，所供养的一排林场管埋处简易瓦旁及其围墙内一角的两小间茅顶闲屋。

最初原是避昆明城里频繁遭受的空袭，驱使他得机前去小住，意外享受了他自称“过去不曾，后来再也没有享受过的‘周末’清福”。他后来从1940年10月初到1941年11月初与夫人就暂以此为家。他们也不是来作隐土。他们在城里分别执教之余，白天在林间和四野散步之余，夜里经常“守着一盏菜油灯工作，不管是月夜或是星夜，风夜或是雨夜”，效率特高，有时二人不期而然，同时抬起头来，“相视而笑，莫逆于心。”

冯自称在昆明西南联合大学七年，限于流徙条件，主要读物就是歌德与杜甫。他在林场茅屋集中住过的一年多时间内，有一阵每日“下午进城，次日早晨下课后上山，背包里常装着两种东西，一是菜市上买的菜蔬，一是几本沉甸甸的《歌德全集》”，他在这东西两大家身上进一步下了功夫，为他日后更趋成熟的研究成就奠定了基础。鲁迅杂文自然是常萦脑际，领会陆游一些较少广为人传咏而忧国忧时别具卓见的诗句。都促使他从1942年到1945年为昆明一度风行的小型周报写杂文。其先，在1941年，他在城内山间15里来回中“接触社会，观看自然”，另“有了许多感受”，加上里尔克著名的十列行变体诗式的启发，陆续写了27首十四行诗，“表达人世间和自然界互相关联与不断变化的关系”，编成一集。里尔克的少作叙事散文诗《旗手》曾受冯早年特别喜爱过，也正契台他原曾想把伍子胥出亡行程的历史传说写成一篇叙事诗或散文故事的路数。1942年他为我用原文校看从法文转译的此诗旧稿，终于“一时兴会”便开始偿了他的夙愿，写了七章历史小说（后来又补写了两章，完成了九章的《伍子胥》全书）。他晚近回顾说，他在40年代初写的《十四行集》，散文集《山水》里个别篇章，《伍子胥》“都或多或少与林场茅屋的生活有关”。

世事与人生，总是或多或少以波浪式嬗变的，不断开端，不断结束。冯写于此时的《山水》（散文集的一部分）、《十四行集》、《伍子胥》，按他自己的说法，是一道“弧”，照我个人的爱好来说，在他艺术创造历程上，不算顶峰，总还是突出的一道“弧”，一弯彩虹。《伍子胥》的写作，也就像这个小说主人的过昭关，从一个境界过渡到另一个境界，尤为可贵。他自己从体裁说，还认为这只是“历史故事”，而当年靳以就曾认它为“小说”佳作，我曾就写诗朋辈中奢想写小说而居然获得成功的极少数人而言，就举他写此作为例；我现在还要说此作较合称为现代化、散文化的诗意小说(“小说”比“故事”应更多窖虚构余地，名正言顺）。冯以后虽自不乏思想上更见踏实、老练的创作成就，只是我在他诸多丰硕成果当中，因为自己老去落伍了，还是偏好这三本。他自己评论歌德与里尔克性情各不相同中的相同处说，“他们都各有广泛的人际交往，所以他们与他们所处的社会并没有隔离，而是息息相通的”，我要说正如他当年与“林场茅屋”生活有关的艺术创造一样，事实上也富有社会意义。时间证明，他也决不需自悔少作，严格说是中年作。通过艺术手段，不一定着痕迹，使读者在美学享受中起潜移默化的社会作用，也许反而更能持久，亦未可知。

冯如今还常提到的当时西南联合大学年龄稍长的诸多知名人士如闻一多、朱自清、杨振声等，比冯还年轻五岁的我这个晚辈也都熟识，只因同在外文系共事，我当时与冯往来较多。我1940年夏初转到昆明，遭受敌机轰炸后的西南联大，几年内曾作为制度来照顾教师，允许各人所分担的课程，每周集中分排在上半周或下半周，住处也就除城内有几处集体教员宿舍以外，就主要分布在东北与西南两侧的远近郊。冯得机暂时安家在东山，我单身在西山前滇池东岸一个集镇也曾落脚了几年。1941年初皖南事变后，我幻想破灭，妄以为自己已无能为力，另起幻想，从1941年暑假起，课余就埋头试写一部长篇小说，恰巧也自定题为《山山水水》（用英语译名则是《那些山，那些水》，并非模仿美周卡坡第《那些房间，那些声音》小说题名方式，实际上那还远在我听说那位韧出茅庐的作家发表那部一举成名的小说以前），显然也多少可见冯所介绍里尔克与歌德的蜕变论有所契合的山水观、变易说的一点影响，虽然我更着意表达“如此江山”的感喟意思。到1943年几十万字草稿将告完成，搬进城里，暑后承君培邀住他已不常住的东山那两间“林场茅屋”去享受清静，集中一段时间的精力，赶完小说最后若干章。我就独留在那里约半个月，每日至少一次把他家在那里的存米剔除穿心的蛀虫，三次用他们捡拾积贮的松球生火做饭，自得其乐，早、中、晚三餐后吸一支烟卷（从此成习，日后发展到一天至少40支，1980年访美，重逢旧友，承殷切劝戒，回来后三、四年屡戒不绝，俨然以戒为乐，最后终因听说川黔间官倒香烟特大丑闻，一怒而不戒自绝，这是后话），当时确也工作效率特高，预定中秋节完稿，到中秋夜果如所愿，写出了全稿最后一个字。一部稿子苦费了我八年的时间与心力，终于自废（仅存先后曾在刊物上发表过的一些章节，1983年凑成《山山水水（小说片断）》一集，承香港山边社赔本出版，亦不足观)。这个失败，与冯写《伍子胥》成功恰成对比，而在写作过程里彼此又巧属有缘，所以如今几满半世纪后一忆起那两小间(实际上另附更小一间耳房充厨房的)“林场茅屋”，自然特别铭感当时暂充的这位居停主人，引发我不知多少联想。总是言难尽意。

卞之琳

1991 年 5 月 10 日

附记一：正文中用引号括出的引语，除个别为大家熟悉的名句以外，都出自冯著《立斜阳集》(1989)与《冯至选集》(1985)，限于篇幅与时间，未能一一注明出处与页码。

附记二：冯至亲切赠诗《给之琳》，原稿有附记说：这首诗的题目也可以改为《读(距离的组织)赠之琳》。我以为最好不学其他报刊，而就按作者意照改，使读者注意到诗中一些话都与《距离的组织》有关，因此易解。

(原载香港《诗双月刊》1991 年 7 月“冯至专号”)

沧桑琐话

“人间正道是沧桑”。海门地方小，根基浅，要说还有点可自豪的什么，那么首先就是并非比喻说法的“沧桑”二字。这是地理上的沧桑，货真价实。就此而言，海门当无愧于它这个“大名”，在今日长江口各县邑当中总可排入前几个名次。

改革开放的新时期以来，海门自然也有极大的变化，换上了新面目。我上次重来二、三天，却还在这以前，距今差不多20年了，在1972年，就是十年动乱的前期，也已经亲见了又一番不小的沧桑旧痕。我们原是今已不存在的崇海镇以北三里的汤家镇人，过去出外就一直直接以上海为大门或中转站。从上海十六铺乘崇诲班轮船，上行停或不停崇明岛西端庙港，到北岸牛洪港或只到宋季港折向下行，经青龙港、大新港、灵甸港，直到当时还叫“崇明外沙”的今启东泰安港终点，重作为起点，折回上行，经以上各港，绕崇明岛西端，转下水到上海。各港都没有码头，概由划艇出港从上下水轮船接送客货。1972年，青龙港已有了码头，乘上海渡轮到埠就直接停靠，然后由陆路集散客货，可称已向现代化进了一步。同时却也见了派生的都市化恶劣风气：一下船，一群本属淳厚庄稼汉的小伙子蜂拥旅客，就像旧上海码头口黄包车夫一样，半接半抢人家行李，强拉去乘他们比三轮车还落后的自行车加后座的交通工具，不由人兴叹。但途中遥见当时号称江苏省“学大寨典型”的大新公社一排整齐的新建社员住房，又不由得心中一喜，忘怀了其他一切。

到达目的地，却见改名大新镇的汤家镇早不存在，因受江水威胁，已内迁二三里外，只剩下一些零星住户家屋，还未拆完，散落跨大河木桥横贯东西的正街碎石路面南北，满目荒凉。这才注意到镇外田野照旧散处的一些农家茅舍间，因竹木砍伐殆尽，飞鸟无踪，池水受农药污染，游鱼绝迹。还在旧镇遗址西头的老家残屋，由当时还硕果仅存的年迈二姐和她留乡的两家儿媳同住的，也已经拆改得面目全非。

到此我才恍然：刚才绕大新公社中心，沿边岸前来所见的一湾浩淼的江水，原来已吞噬了一大片陆地，其中就包括我家还只埋葬了两代先人而墓地已柏树成林、郁郁苍苍的祖茔。我当然也难忘慈恩，决不致数典忘祖，也决非不近人情，只缘封建意识一向不深，在照例称为“大好”的新事物面前，当时也就并不介意，现在想起上海最近为了节省用地，时兴了“水葬”良风，更觉得大自然那样处理了我亲生父母和再上一代先人遗骨，干净利落，应称盛情，还堪称先进，只可惜海门又一番失去了大片沃土。

在一般人的场合，失去的童年总容易把美好的一面留在记忆里，我现在也说不清海门乡镇，如何像在东南各省滨海口岸一样，自然经济理所当然被复兴的（因为明末也曾一度萌发过的）资本主义因素与外来的帝国主义势力无情摧折，以至百业凋敝，正好从“桑”字想起。我记得小时候，附近一带，镇上乡下，差不多家家业余养蚕，后来蚕丝落价，农民索性把当地特产肥嫩桑叶的许多树都砍光了，等等。这种变化过程还是不太着痕迹。

再从我亲见的说起。老家长方形后园，从东南角一棵高瘦香椿树，沿竹篱往北，再经篱内外经常供给春笋的竹林屏障，沿镇后横弛，渐变到突变，从量变到质变的数十载自然进程，也就不足为怪。

只是,如今尚萦脑际的,还有一阵阵的江上鱼汛,什么银鱼、刀鱼、凤尾鱼（子鱼），一种接一种，来了又过了。

想到这里，海门土特产果品也就在记忆中突出了。当地水蜜桃决不差于奉化或无锡的。白沙枇杷则以其果大独核的特点还远胜于苏扑洞庭山产。红白色粘性特大、远胜于美国的甜玉米（上海所谓的“珍珠米”）则是常熟种。这等等都早已绝种了。

我还记得就是这个多镇上的面食小馆所制作的苏式、沪式点心，也颇有几种，而其中一种烧卖，馅中调有当地鲜春笋、小白虾，尤独具风味。

这些如今只空留记忆中，还可回味的风物，追溯上去，确应是江南带来的一点余泽。

原来，宋金时代曾有过的一个半岛形尖端的海门（县治约在今吕四附近），在元、明朝全坍入海中的，那是另外一回事，当时崇明本身也只是3个小沙洲；今日海门是在乾隆年间另涨出的一片片沙洲集合体，基本上全是南来属于吴方言大系的崇明人的移民及其开垦地（我小时候乡人还称海门为“北沙”，崇明全岛为“大沙”，今启东为“外沙”）。海门并无本地人，只有崇明人可称土著，后来又加上部分避战乱，继自江南来的移民（例如我家是祖父才从溧水搬来的，四邻除一家崇明原籍人以外，也就分别来自常州、江阴、常熟）。他们带来了江南风习。我小时候常有机会聆听本地民间爱好者三五成群，向晚凑在一起弹奏汀南丝竹的《三六板》之类；我曾引证小时候听熟的老农民歌唱的吴音“四句头山歌”开篇“四句头山歌两句真/还有两句真吓煞人/癞蛤蟆出扇（翅膀）飞东海/小田鸡出角削(抵)杀人”为例，讲中国也有足与英国有名的爱德华·里亚的“胡诌诗”比美的“诗”，恰与西方古典诗偶押复韵、阴韵的办法契合。同乡年轻人近年还从父老口中搜到曾在折向西到西北畸角，就是一棵合抱的可能与海门同龄的老桑树，品种大约因未经改良，所以叶子不如矮脚桑（似乎俗称“胡桑”）所产的肥大鲜嫩，适于喂蚕，就是桑葚黑甜，最受儿童欢迎。树干上攀附一株野蔷薇藤，春来繁花鲜艳，最为惹眼，因地处镇后横池与镇外竖沟交汇处，水道日渐淤塞。常招野孩子涉水前来，攀摘桑葚与鲜花，像一群小猴子，吃到嘴唇乌黑，摘到手里满把鲜红，才作鸟兽散。从此沿屋后与竖沟并行南折，直到四棵大榆树以前，有一从夏日盛开紫花的木槿树，一棵不起眼的楝树，特别是一株乌桕树秋日叶红胜于枫叶，酷似标志了汀浙太湖流域的乡村景色。

这些原都是逐渐消失，倒不是出于一朝一夕。

从镇西头再向西南展望，则“漠漠水田飞白鹭”也是家常景色。也是寻常事物的布谷声声，叫我们海门的平凡乡人，想不到浪漫的杜鹃啼血传说，听不出“不如归去”，只喜把也还见诸书本的“割麦插禾”解为现实的“花（指棉花）好稻好”

这些却使我早年较多接触太湖流域风物，就总感到似曾梦里相识，飘飘然宛如“行尽江南数下里”，这看来也自有根源。

旧时毫无特色的汤家镇在海门还称得上是有过繁荣的中等以上乡镇，不仅有油盐杂货店、茶食店、豆腐店、药店、铁匠铺、染坊、酒坊、茶馆、菜摊、鱼摊，还有粮米大行、绸缎庄、蚕茧和棉花临时收购站等等，一应俱全，也就可以代表海门多少有特色的一般乡镇面目了。镇中心南北向与长江交汇的大河原曾有木帆船到此乘潮出入崇海镇外的大新港，每年大黄鱼、小黄鱼汛期间更有从吕四洋面驶来的大渔船，停泊大新港内，当场称售海鲜给乡民，由他们纷纷肩挑、背负、独轮车载小筐大箩回去洗尽、晾干，用酒糟腌存泥封，就像北京家家冬贮大白菜一样热闹，还显得自有其特色。而这些，到 1972 年我从河南干校趁有限的 17 天探亲假南北奔走中折转来一顾，都已荡然无存，完成了从江南流传过的一两篇长叙事民歌。原来它们倒还被保留在海门。

元、明时代以前的那个海角听说曾是流放戍地，后来一度成为避乱乐园。抗日战争、解放战争期间则又成了游击活动基地，也就出了不少英烈。我还记得1927年北伐战争前夕，曾有一些初中同学，曾路经汤家镇，在我家歇脚，出新港去上海转往广州投考黄埔军校。可惜全记不清名字了，想其中也有革命英雄或革命烈士。翻看《海门烈士传》也不见记载家住常乐镇北郊，我的隔房姨表兄陆飞鹫。他曾和我在麒麟镇启秀高小短期同学，后来也曾北上到北平在一个私立大学读书，不知是否借以掩护而作革命地下活动，多年失去了联系，抗战后听说他以老家为据点（我早年去过的陆鸿儒姨父家，有里外双重宅沟、有吊桥，孤悬在田野中的海门讲究的典型住宅，犹如北京号称典型的四合院），进行游击抗日，终于不幸在附近麦田里与敌军周旋，中弹牺牲。而三十年代左翼戏剧电影评论家后来1938年避居家乡病故被列入革命烈士名单的王尘无，原是我同镇上小学一年级同一双人课桌，同龄或小一岁的同学王承谟。1932年我寒假从北平回家探亲，为突发的“一·二八”淞沪战役所阻，滞留中承幼年同学契友王承谟过访，重叙旧谊，但王既不透露他就是上海知名影评家王尘无。也不暴露他衔党组织使命在家乡活动形迹，近年从柯灵同志处得知王生前自己把发表的文章中独钟的散文小品编为一集，题为《浮世杂拾》，特见才华文采，可惜出版于“孤岛”后期，现已遍觅不得了。

我最后留乡读初中时期，海门在一般小县中，教育、文化事业也算比较发达了，除海门中学四年旧制完全中学以外，乡镇各处已经兴办了不少三年新制初级中学。我就亲自在三年中读过三个初中，首先是茅家镇海门中学新办的初中部，1985年上海“五卅”惨案后，读到快近暑假，不知为什么全校学生反对校长，扣留校长，我也就随众积极值夜看守隔河通操场的天桥；学潮失败，暑后即转学麒麟镇新办的启秀初级中学；读了一年多，又不知为什么，因同级同学反对教务长不成，转去江家镇三益初级中学，最后与其他并非为首闹学潮的同学四、五位，坚持不回设备较好的原校，就留在新校，在次年北伐胜利声中兴奋一时，随即在受上海“四一二”惨案的传闻所给予的精神创伤而顿感幻灭中毕业，暑后转去上海考升高级中学。在启秀初中二年级，特别承国文老师杨宗时引入了新文学的大门，一直还记得他有一天在班上手举新寄到的鲁迅《呐喊》红面初版本，向同学推荐这本了不起的新小说。

也算是海门的一个特色，清初重新出水保持了旧邑名的海门，本没有植根于此到三代以上的本地人，一片浮士像一艘航空母舰，出了不多的人物，又总飞向别处，近人如知名学者陆侃如，听说生于聚星楼（编者注：陆侃如系海门三阳人），就没有叶落归根，终老故乡。至于更早更显赫的张謇，传说他的父亲从如皋之类的原籍挑精担到常乐镇干兑换旧衣买卖营生，随即定居在那里，生了“张四”这个人才。凼为海门当时连一个省直隶厅的位置都还没有，只得投奔通州考科举，中了清末恩科状元（倒像我祖父培养我父亲往溧水原籍考科举一样，只是我父亲连秀才也未中，恰成对比），从此当了第一个民族资本家，为了振兴中华工商文教各业口而奔忙。听说他讲普通话始终还带了一点海门口音，却再也不能长留家乡了。

老年人话沧桑总容易回顾前尘，但愿年轻一代、二代人，正在从事各方面变革事业的，更多展望前景，着手掀起比目前已经出现的更具声色的沧桑大业。

1991 年 5 月 16 日于北京

（原载海门市政协编印《海门游子》，1999 年 12 月）

“客请”

——文艺整风前延安生活琐忆

当年延安总使我难忘，也使我惭愧。

前不久，在北京一家涉外宾馆的豪华餐厅，一位热心文化交流活动的外来贵客，宴请一桌本地文人。随便交谈中，我表示谢意，脱口说出了“抗战初期延安文化人当中一度流传过一句玩笑话，叫做‘窖请’。因为照例外来客人宴请本地主人”。我一说，当即有邻座一位熟友挖苦了一句“这表示你早到过延安”，提醒了我不应以此自诩，我又顿感由衷惭愧。

是呀，我 1938 年 8 月底到延安，1939 年 8 月中离开，总共也只算有一年之久，其间还去过前方太行山内外随军半年，实际上也只是短期过窖而已。

当时我随沙汀、何其芳等从成都去延安，通过人为的障碍，也借人为的方便，经西安北行，受到照顾，搭乘公家的仁车，一路目击了朝山进香式的盛况；多少男女青年热衷抗战，坚持正义，探求真理，背着行李，徒步跋涉，闯过三原一关，络绎于途，意气风发。盛况也使我身在车上心中有愧，但是仍不由不沉醉于一车的歌声笑语。车上看似平平凡凡的男女当中就有过去身经百战的英豪和刚从前方衔使命回来的浴血战士！

记得 8 月 31 日傍晚，到得延安南门，又见多少青年男女进进出山，不拘形迹，自由自在，边走边唱，又是一番感奋雀跃。

进得城去，又欣见南北向正街两旁，并不像后来“文化大革命”当中在王府井大街之类的通衢搞“红海洋”那样，而一律刷出素淡的蓝白色招牌，并不刺眼。我们受招待住西北旅社（有如解放初期北平惟一的大宾馆北京饭店）。当晚也就存院子里和刚从前方回米的西北战地服务团的领队，我只间名而未曾谋而的丁玲、田间，无拘无束地随意畅谈。

我们虽从外边来，随身没有带几个钱，也就无从“客请”，倒还是首先由先来此定居的艾思奇、徐懋庸等请吃过几次小馆，日后才熟知了“客请”的滋味。

那已是从太行山区按原计划回“西南大后方”的行程中，再过延安，临时暂留鲁迅艺术学院任教一期的日子了。当时延安城早被日本飞机炸成了一座空城，已不见北门外沿延水一带小饭馆林立的景象。因为大家平时在各自的学校、机关、民间团体吃惯了小米饭加胡萝卜之类的缘故，外来知识青年总是特别嘴馋，爱凑钱吃吃小馆子。当时小饭馆提供一种甜食好像叫“蜜脂咕啰”，最受欢迎。我在还等候过黄河去前方的一段时间内，暂住城里文化协会（当时戴爱莲、欧阳山尊等也住存那里）。大家可以只花几分钱从街上买一大抱花生回去共享。吴伯箫晚间还常带我到城中心十字街头的小吃摊上，花几分钱吃一碗醪糟鸡蛋，也感到其乐无穷。半年后我在1939年5、6月间回到空城，市场已迁到城南一个山沟里了。当时在此安贫乐道的知识分子，虽然决不像今日各大城市居民有超前消费的风气，却在有限条件下也多少大兴吃风。我们一个月拿二元零用钱的文化人（军政首长最高，也至多拿五元），逢到外边同行来客，当然请不起吃饭，只得让客人破费，“客请”代“请客”，也就格外寻常了。此外，有趣的是，谁要是从邮局接到重庆、香港以至上海孤岛汇来的一笔稿费就招朋唤友，三二三五五，一起去邮局一分而光。特别有趣的是，谁要是在住处自己的破提箱里翻出一身原从外边穿来的西服之类，就邀约左邻右舍三五熟人一同去南门外山沟市场把它一下子装进了肚子——换几个钱吃了馆子，施施然回来，几乎达到了占典戏曲《醉打山门》中鲁智深唱一句“赤条条来去无牵挂”的境界。这种放浪形骸的波希米人式的风气，发展下去，自然也容易“逾矩”，值得警惕。

同时，西方人引以自豪的什么“民主”、“自由”，实质上在这里倒是家常便饭。大家都享受惯了。在毫无森严戒备的大庭广众中，毛主席亲临讲话也属寻常。在同一场合大家也不难听到偶从重庆飞来的周总理、秦博古等畅谈“大后方”动向和国际形势，或者从前方回来的贺龙等将军笑话游击队与敌军周旋的赏心乐事……就是在近城的山坡窑洞一见毛主席也不算了不起的殊荣。我自己还曾被引见过不大在公众场面出现的总书记洛甫（张闻天）。初到在城里文化协会住的时候，就受过胡乔木等同志的看望。我出发去前方以前，几次到边区教育厅长周扬处借他的马就近在马路上学骑，做了后来在前方偶尔用得着的必要准备。

也像另作了必要准备，1938 年秋后，我追随周围同志学会自背行李到城南十里铺农家住几天，帮助秋收，与农民相处融洽。这使我在十一年后，从英国小住归来，在 50 年代多次志愿下乡生活、学习、协助农村工作，都能顺利地进行，甚至也使我再过十八年，也能安之若素。在同后，也不觉得有什么感受可说，给外边人、洋人为我这个也算喝过几天洋墨水的所谓“高级知识分子”的这类遭遇留有啧啧称奇、引为趣谈的余地。

另一方面，当年跑来延安的四方青年，对于探求新知识也如饥似渴，不限于在抗大、陕公等“院校”学习的，大家都经常人手一册科学社会主义经典著作、《实践论》《矛盾论》《论持久战》《论新阶段》等等以及当时还没有暴露问题的《联共党史》。我自己当时未及“而立”之年，在这种读书浪潮里泡了一阵，也初窥了辩证唯物主义与历史唯物主义的门径，使我日后在自我检验所作所为和明辨周围事态是非真伪当中，基本上能坚持真理，修正错误，一生受用不尽。只是，若要巩同收获，从中得道，使之扎根灵魂深处，得以因时代发展而发展，既不陷于教条主义，亦不落入机会主义，为日后少走曲折过路，为人民与同家、为实现共产主义理想作出一点可称道的贡献，显然还得先受一番整风的洗礼。

当时延安生动活泼的局面就实在令人心醉，使我也飘飘然好像置身另一个世界；但是，特别在最活跃的知识青年中也流播着一点污浊的歪风。例如当时出现过一个调皮的新名词“干部路线”，确也切中了时弊。具体含意就是嘲笑部分女青年热心冒干难万险，奔来延安不久，转而让身上固有的一点虚荣心、享受欲，在这片自由乐土上恣意发作，以“洋气”俘虏个别“土包子”高干，相与结婚成家，虽然还只是过窑洞生活，总是享有了一点特权，出入骑高头大马，有如今日乘红旗牌或者奔驰牌轿车，风头十足。

我就亲见过一次这样的风光。我从前方回来暂留鲁迅艺术学院文学系临时任教期间，夏日有一天跟一群同学在延水里洗衣服回住处，正捧着洋瓷面盆要跨越马路，就被一阵达达的马蹄声挡住，在路旁驻足一看，只见一匹高头大马上骑着一位青年女同志，白衬衫整洁，天蓝色长裤笔挺，后边跟着一个小勤务员，向北飞奔而去，让我们路旁几个人吃一鼻子灰尘。“好一阵香风啊！”有的学生说，——其实只出于嘲笑并非事实——有的不客气地直呼骑马人原先在外边大都市所用的艺名，那倒显得确有来历。

当时鲁艺西、北两面山坡已成排的教师窑洞宿舍当中有一间满洞倒确有苏联香水气，那是因为住的是一位新从苏联回国的同事，大家也就不以为奇。在音乐系执教的冼星海也住西山坡窑洞，谱写了《生产大合唱》之类的应时名作，我偶尔也去他家串门。近年研究他的同志，在他的遗稿里发现有一则日记说蔡若虹同志和我几个人在他的窑洞里开“西山会议”。冼平素为人严肃，而且后来我知道他当时已经入党，竟也会轻松搬用过去国民党一派在北平西山开会的出名典故跟自己开玩笑，而我自己跟当时已经发表过著名的《队长骑马而去了》一诗的天蓝一起在文学系工作的时候，就曾以抗战前鲁迅在上海编辑出版的一套丛书中苏联中篇小说名著《不走正路的安德伦》译本给同学作参考教材，津津乐道，现在内容都不记得了，印象中还有它轻松风格的律动。我封建意识向来不深，为人却不免拘谨，但在当时当地什么都显得轻松的空气或风气里，亲见青年伉俪，因居住条件差，无处分别安家，星期六傍晚，挟了被毯在路上来去，大大方方，找临时住处去过周末，也完全看得惯，决不怪人家招摇过市，为他们存什么不好意思的过虑。即使进一步（或者宁可说退一步），我当时还常听到一句从苏联传来的歪话“一杯水主义”，自己却没有亲遇过这种表现的见汪，自然不以为意，即使真偶有所闻，也只会一笑置之。私生活小节、应生理的自然要求，小失检点，在民族邦国存亡关头、千秋事业得失时机，本不值多所计较，但同时也正从宏观态势着想，从战略影响考虑，防微杜渐，免致泛滥以至决堤，给外边恶意的风言风语加油加醋，为害无穷，自也有及时大加整饬的必要。

我还记得当时降任抗战部长的王明，在我动身回“西南大后方”前夕，邀往他家住的窑洞饯别。那里陈设也很简朴，也没有苏联带来的香水气，可是两夫妇举止风度洋派十足。我亲从王口里听到关于萧三诗人的一点有意思的掌故：他写新诗实与“五四”白话诗运动并不相干，都缘他在苏联把原先用汉文写的旧体文言诗译成俄文，因无法保存原诗的整齐格律，只好译得七长八短，再译成汉语，就成萧体白话诗了。说来有凭有据，也颇有见地，语带笑意，却也不存恶意。只是，对我这样的过客，信口揭出老同志实际上也无碍的隐秘，多少可以说位居高位者电不免犯了自由主义作风的毛病。

凡此种种从下到上多少共具的根性、习气，我自己当也难免，因为我回去了，未能待到两三年后在整风运动里挨整一番，作一度蜕变（一个人精神成长、成熟，总得经过蝉类、蛇类一样的一至多次的脱壳过程。我们后来在“文化革命”中被要求“脱胎换骨”则是不科学的捉弄），我首先并不以免脱幸免自庆，如今更抱憾未经这番难得的考验，以后虽经补课，未见大效，后悔莫及。

现在，作为曾是延安的一度过客，就以此琐忆、纪念业已作古的先烈先贤，就正于如今还健在的“老延安”们，“三八式干部”们，真正继承和发扬着延安精神的新锐精英们。也就算“客请”几碟小点心，如何？

（原载 1991 年 7 月 16 日《光明日报》）

毕竟是文章误我，我误文章

远在1948年尾我离开客居年半的牛津中世纪大学城及其西乡柯茨渥尔德中世纪山村，乘船转经香港，于次年3月回到北平。此后30年间，虽然在报刊上发表过不少文字，只偶得机缘出版过两卷著译：一是抗美援朝初期印行，随即自嫌其庸俗鄙俚的失控诗集；二是“大跃进”前夕问世，常引以沾沾自喜的莎士比亚悲剧《哈姆雷特》诗体译本。1979年开始，才得以编理出版新旧著译多种。先是着手汇编诗卷《雕虫纪历1930～1958》，接着编出杂类散文卷《沧桑集1936～1946》，后者于1980年交去付排时，曾撰卷头题记，篇末近似自作小结说，早年在上海四马路一家唱片铺觅得几张已成绝响的南昆旧唱片，记得从其中一张听到过一段曲词，有句云“文章误我，我误”什么，什么，曾被我记成了“文章误我，我误文章”而感慨系之。仿佛唱片的面标有曲段名《扫松》，说不准是否即出此，当即不顾会不会以无知见笑，贸然写信问俞平伯火方家，承老人家亲自函复，答称两句“文章误我”后边，应是“我误爹娘”和“我误妻房”，见《书馆》一出，我才恍然：原来竟出自我从不感兴趣去翻读的宣扬封建伦常的《琵琶记》曲本，竟出自我太不敢恭维的剧中主人公蔡伯喈之口！这个传奇化人物号称忠孝双全，实际上在官场情场两方面都自鸣得意的。到20世纪20年代，留美中国学生把原曲剧改编成英语话剧演出，还荣获梁实秋青睐，亲自登场，饰之以粉墨，赋之以咖肉，实属稀世的幸运儿，“误”了他什么呢！

现在，我宁愿从记忆中剔除这个人物太令人不愉快的面目，趁感谢俞平伯为我指出这两句话的原样和出处的时机，捎带提一下当年他的老师知堂老人喜说他的一个笑话：一天这位弟子兴冲冲带了笛师去老师家为他清唱昆曲，不料唱到高亢处，竟然惊起了院中家犬的狂吠，大杀风景，云云。我亲听到此说，是在1934年秋后，当时我协助靳以执编《文学季刊》，主要分担附属创作月刊的编务，找知堂老人约稿，由与他相识的李广田陪去八道湾，承老先生慨允供稿（后如约寄来《骨董小记》和《论语小记》先后发表在《水星》月刊上，至今还是耐读的小品）。在苦雨斋受昔茶款待，佐飨了这则隽永的笑料，这则并非虚构的新“世说”，令人开怀，令人难忘。

至于我引这两句酸溜溜的曲词，则纯属不自量力，妄学人家才子气或者道学派口吻，借以为自己的不成器推诿而已。想当初，先父被赶鸭子上架，为接管祖业而弃学从商，最后在破产前勉力挣扎，因时势所迫，不得不每每趁我放学在家，敷衍教我打打算盘。无奈我天生不会算数，冥顽不灵，而老人家也抑止不住私心的爱好，假托作为遣兴，就在算盘旁边，摊开一本《千家诗》、《唐诗三百首》之类，教我翻读，这倒引发了我对有限的家藏词章方面的书籍产生兴趣，也暗自学诌过几句韵语。这可真的促使自己误入迷津，踏上了文章小道，蹉跎此生，因此如今也就多少可以借用人家现成的推诿之辞了。

可是，细细想来，到底文章又“误”了我什么呢，

比如说，我是个曲迷，却总是外行。不管看懂了多少，听懂了多少，就习惯于欣赏昆剧的一般唱腔、舞姿，一些俗得雅和雅得别致的曲词，

无论见诸《游园》一类的旦角戏，还是出自《夜奔》一类的武生戏、《醉打山门》一类的黑头戏，等等。记得小时候在上海逛城隍庙，曾忽然起意买洞箫，承一位内行顾客从旁为我代挑了一枝，带回家却怎样也学不会吹，工尺谱也不耐烦学认，遑论日后会精于厣管去侍候曲家，更无意攀比顾曲周郎，所以在这方面，根本谈不上有什么受“误”。

再如，上小学的时候我放学回家，在家父早年科举落第，改试考洋务又不成的一堆遗迹中，我总是撇开八股文范之类的抄本，而耽展几张印得古拙的世界地图，耽读《纲鉴易知录》简编什么的，一时倒有过长大去搞史地研究的遐想。后来没有耐性去钻研，去自成一家，也只能怪自己兴趣转到了文章方面，也还谈不上为文章所“误”。

长江三角洲，靠近上海一带，曾受西方帝国主义入侵所带来的精神污染较深，甚至在乡间一些地方，哪怕非教会学校，从初小高班就开始有英文课。在自然经济凋敝过程中，乡镇破落户人家往往冀望子弟能到洋人当权的邮务海关机构从业进身，以博较丰厚的薪给。受潮流席卷。先母难撑困顿家境，也就特别鼓励我多学点英文，想不到这却导致我对西方文学的关注。然而我也本不是会从邮务海关出身而成为经世大才的料子，所以也不能怪文章对我有“误”。

凡此种种，似都无从推诿文章误了我什么。说我有误文章，倒有点道理。我幸承师友提携，俨然“少小知名翰墨场”，不免有点飘飘然，反误了我日后自我加鞭，做出一点什么贡献，有负当年长者厚望，实无法作任何别的推托。

暮年萧瑟，为了稍自解嘲，撇开令人令己两不快的琐忆，试举一度倒确曾为文章（《红楼梦辩》）害苦了的俞平伯前辈，和他那位当年还保持清白的知堂老师的一段小插曲，供大家一粲，即使阿Q式聊自提提精神，不好吗？只怕在这个场合，信手拈出这个笑话，可能反弹到自己身上，所以我得声明一下，我还决不至于借此暗示自己的文章是对牛弹琴而徒惹犬吠，那就太不像话了。

就事论事，说来也妙，知堂老人倒真的是被文章所误，应算是舍不下苦茶庵，流连文章光景，1937年北平沦陷，他就是不肯出来，市隐守书城，遁世终落水，从此声名扫地，却又只能叨光过去一手好文章传世了。世事就这样颠三倒四！

再回到我自己，本来当真记错了两句曲词的原文，确是想实事求是，将错就错，即以此给自己作一个好玩的题词，结果却显得出言不逊，俨然像自命已经身历了《人间词话》里用现成词句取譬的人生与学术追索的三步境界，特别从“望断天涯路”跳到了“灯火阑珊处”，不像吗？

弄真成假，反成了虚伪的借自谦以自傲，直弄得啼笑皆非！

善哉，舞台一世界，世界一舞台，人生在世，谁都得不由自己演一下愿意不愿意担当的角色，令人肉麻也罢，可资玩味也罢。所幸，《错中错》总是喜剧，因此到头来《皆大欢喜》，但愿如此。

1993年11月25至30日

（原载上海《收获》1994年2期）

徐志摩的“八宝箱”：一笔糊涂账

传说徐志摩有一些“日记”或“文字”不知去向。这是指凌叔华所说的那只“八宝箱（文字因缘箱）”。我1982年为一卷本《徐志摩（诗文）选集》写序，仅就听说林徽因当年争到的一部分而言，说过物随人非（她于1955年病逝），确知在“文化大革命”时期终于消失了，倒并不是出于红卫兵的打、砸、抢。这是我当时特向金岳霖探听到的下落。随后沈从文口头悄悄告诉我当时引起的小小风波，是空闹一场，“八宝箱”的内容，实际上无非与武汉大学的一位女教授有关的一些文字，不涉及疑神疑鬼、提心吊胆的几方女士。我庆幸自己把这桩案件一笔勾销了，还发议论说：“日记、书信，大都只是剩于作家研究，可能是有用的资料。社会关系、私生活，对个人也许至关重要，不一定都是文学材料，若不经过艺术过程，具有超出局部的意义，形诸笔墨，可能也没有什么文学价值。”徐志摩的一些“情书和志情日记或者可以说只是富有文学性而已”，它们消失了，“可惜也不太可惜。他的才情还是在他发表过的诗文里得到了充分的表露”。当然，志摩刚步向中年，遽尔飞逝，还可能别有如锦的前程，那又当别论。

我说得轻松，凌叔华的一封信上却明明把我也扯进了这场纠葛，在1979年《胡适来往书信选》中册出版后，曾引起赵家璧先生垂询，我据实答称一无所知，了事。最近人家给我看了1992年11月

15日《中国青年报》发表的一篇短文《林徽因与徐志摩的障眼法》，却引起我怀疑“八宝箱”事件不那么简单了；找来《书信集》一看，我发现经我一笔勾销的竟是一笔糊涂账。

先看凌叔华1931年12月10日致胡适信的基本内容：

十余天前从文有信来……谈到一点事，当时就想同你说的，不过因为人意颓唐，什么事都不要动……一所以直到现在。昨日起，知道说也太迟了，不过我想还是说了舒服些。

志摩1925年去欧时曾将他的八宝箱（文字因缘箱）交我看管，欧游归，与小曼且结婚，还不要拿回，固为箱内有东西不宜小曼看的，我只好留下来，直到[他]去上海住，仍未拿去。我去日本时，他也不要，后来我去武昌交与之琳，才物归原主，这是志摩爱惜羽毛，恐防文字遭劫，且不愿世上添了憎恶嫉妒的苦衷吧，我想。今年夏天从文答应给他[徐]写小说，所以把他天堂地狱的“案件”带来与他[沈]看，我也听他[徐]提过（从前他去欧时已给我看过，解说甚详，也叫我万一他不回来时为他写小说），不意人未见也就永远不见了。他的箱内藏着什么我本来知道，这次他又告诉了我的。前天听说此箱已落微音处，很是着急，因为内有小曼初恋时日记二本，牵涉是非不少（骂徽音最多），这正如从前不宜给小曼看一样不妥。我想到就要来看，果然不差！现在木已成舟，也不必说了。只是我觉得我没有早想到说出；有点对志摩不住。现在从文信上又提到“志摩说过叔华是最适宜料理‘案件’的人”，我心里很难过，可是没有办法了，因为说也是白说，东西已经看了。杀风景的事是志摩所恨的。我只恨我没有早想到。我说这事也没有什么意思，我并不想在我手中保管（固此时风景已杀，不必我保管，且我亦是漂泊的人），请你不必对徽音说，多事反觉不好。不过内中日记内牵涉歆海及你们的闲话（那当然是小曼写给志摩看的），不知你知道不？这也是我多管闲事，其实没有什么要紧吧……

（《胡适来往通信选》中册，页 88~89）

这里所说的一番话就含糊不清。“八宝箱”既经我手“物归原主”，在志摩遇难二十来天后如何又“要来看”？从谁那里“要来”？从林徽因处吗？既然“前天听说此箱已落徽音处”了，怎么又请胡“不必对徽音说”？凌把“天堂地狱的案件”处理得这样莫名其妙，沈从文信上所说“志摩说过叔华是最适宜料理‘案件’的人”，也就像挖苦话了。

胡适自然一眼看出这番话大不对头，搁了半个多月以后，在 12 月 28 日才写了复凌叔华信稿（是否把信寄出了，无可考）（《来往通信选》）中册，页 98~99）：

昨始知你送在徽音处的志摩日记只有半册，我想你一定是把那一册半留下作传记或小说材料了。

但我细想，这个办法不很好。其中流弊正多。第一，材料分散，不便研究。第二，一人所藏成为私有秘宝，则余人所藏也有各成为私有秘宝的危险。第三，朋友之中会因此发生意见。实为是大不幸，决非死友所乐意。第四，你藏有此两册日记，一般朋友都知道。我是知道的，公超与孟和夫妇皆知道，徽音是你亲自告诉她的。所以我上星期编的遗著略目，就注明你处存两册日记。昨天有人问我，我就说，“叔华送来了一大包，大概小曼和志摩的日记都在那里，我还没有打开看”。所以我今天写这信给你，请你把那两册日记交给我，我把这几册英文日记全付打字人打成三个副本,将来我可以把一份全的留给你做传记材料。

如此则一切遗留材料都有副本，不怕散失，不怕藏秘，做传记的人就容易了。

请你给我一个回信，倘能把日记交来人带回，那就更好了……

胡适这样答复，可说义正词严，话却也说得含混不清。既知凌叔华已将志摩日记半册送在林徽因处，怎么又要她交出“那两册日记”？怎么又紧接上来说“这几册英文日记”？凌信已说“内有小曼初恋［？］时日记二本，牵涉是非不少（骂徽音最多）”，又说“日记内牵涉……闲话（那当然是小曼写给志摩看的）”，那么首先内中究竟是志摩的日记，还是小曼的日记，而“小曼写给志摩看”，也用得着写英文日记吗？后来又有人说陆小曼编《徐志摩全集》，听说徐“有一大堆文字存在林徽音手里,又有一大堆存在另一位手里，两方面都不肯交出”，无怪“小曼要发怨谁怪谁”的感叹，这更怪了，难道陆就苦于收集不到，因此公开不了她自己的一些日记，那是既不宜林徽因看的，也不宜她自己看的？这不更“多事”了？

幸而我避免多生枝节，没有书面记下沈从文的说法，因为他是小说家，最容易把事实说得小说化。现在排除了这位凭空添上来的第三位女士不知是否还健在，从徐志摩、林徽因、胡适、金岳霖到凌叔华，都已先后作古，口说无凭，看看他们白纸黑字写下的，又这样纠结不清，不知都在弄什么玄虚，前年凌叔华回北京终老，在西郊医院治病，病危前还竭力设法到我们公寓楼背后的史家胡同故居看一眼，可惜我消息欠灵，事后才听说，未能前去看望她，深以为憾，也就未能顺便核对一下“八宝箱”的事实，也是一憾。但是即使探听到了，那还是口说。

《中国青年报》上那篇短文《林徽因与徐志摩的障眼法》是讲1931年上海新月书店出版的《诗刊》第二期发表林徽因首次拿出来的诗创作三首，一首署真姓名，两首署笔名“尺捶”的显然是有所本的抒情诗。徐在编后记（？）里推荐我同期发表的几首诗和林徽因——尺捶的三首诗，相提并论，分分合合，尽了为尺捶——林徽因等同真相掩盖的能事。志摩在那里确乎故弄了玄虚。说来奇怪，到了20世纪，无论东西方，男女的感情生活的授受关系中，女方一般还宁居受方，在投桃报李中，我自“窈窕淑女”，任他“君子好逑”。林、徐都是世界现代文明的通人。都不是封建乡愿，可是徐在笔下还关切这种天性，为人开脱，足证他虽多情，决非轻薄之辈，对人会体贴入微。

由此想到他的“八宝箱”是否也是耍的花招？布下迷魂阵，跟熟人开个小玩笑，使小说家朋友沈从文和凌叔华都小上一当。不是大家都说徐志摩一直有孩子气，会淘气吗？“八宝箱”内容既有陆小曼的文字，而且“牵涉是非不少，骂徽因特多”，是作假不了的，一到擅长把事实小说化的沈从文口中可就或者有意开脱熟人，张冠李戴了。可能徐觉得这些材料弃之可惜，不如就给他们写些无责任可追究的小说家言吧。结果沈、凌似都不曾动笔，徐曾扬言要诗化生活，如今要小说化生活，因此也没有落实。这里都是有关私事的有因或无稽的说法，公开出来，不利亲友各方，也就包括陆小曼自己，这样无关局外人的一些文字，让一些有关私人秘藏以至销毁，倒也不失为考虑周详。我们研究徐志摩还是以他的作品为准吧。

1993年12月25日

（原载《文汇读书周报》1994年1月15日）

离合记缘

“丁香空结雨中愁”这个传统诗名句的流传，致使我们一般读书人都成了“多愁善感型”，习于把雨和丁香花联系在一起，遇二者契合而喜悦，逢二者错位而惆怅。

我1929年十九岁从南边来故都进大学，不足一年就深感到这种不平衡：北京少雨，一般庭院却比南边的似多丁香花木！

今建国门内大街路北中国社会科学院大楼建立以前的后院，贡院旧址，全面抗日战争期间被侵略军占领了几年，改建了一些日式楼房，收复后曾一度俗称“海军火院”，其间就有不少紫白丁香花木（栽于何时，出于何手不详）。

“文化大革命”初期，这里曾成为全国闻名的“大字报”中心，八方来此看“报”的人山人海，热闹得本院院部发所属备单位“示众”牛鬼蛇神已不需上街，就敲锣穿行丁香花夹道中间，一年半载下来，花木被摧折殆尽，所遭浩劫不下于人。

两三年后来此充领导的军宣队遣送各研究所人员下河南办“五七干校”。我也就随外国文学所同人到了河南东南角的息县东岳集，1972年周总理严令军宣队把社科院全部人马复员回了北京。

我们回到建国门内大院。满目荒凉，一时无法进行研究业务，已不算牛鬼蛇神了，只有继续各在本单位室内外打扫卫生，就这样有一天我在扫本单位院子的时候，偶捡起丁香花柿枝，把一小束带籽的荚壳带回家属的宿舍楼，在阳台一角培土栽下，第二年春天居然发芽。经常浇水培养，六、七年后竟然开花了，几簇紫花！再过一、两年房子大修了，把丁香花连根移植楼下花坛。仿佛得天独厚，旋即长成了涵盖大半院的绿阴，葱茏可喜。

近些年四、五月北京雨多了。恰巧前北京大学西语系同事俞大缜教授，喜自称“丁香生目”。我就有机会在每年四月十三日欣然亲折一小簇鲜紫丁香花送到“俞大姐”住处祝寿。皆大欢喜。如今俞病故有年，物是人非，我每逢四月中旬雨洒郁郁丁香花丛的日子，只有倚阳台怅望忆昔而不胜愁了。

6月10日（1999年）

三座门大街十四号琐忆

二十年前我曾陪同香港友人寻找北海南门外东侧这个民居，只见门牌还钉在门楣上方，内容早已面目全非，如令门牌肯定不在了，内容当由少数几个局中人挂在琐忆中，环绕已不在座的靳以。大约1932年靳以从上海复旦大学毕业，到天津老家转了一转，在刚从上海北来改教燕京大学的郑振铎的主持下，租下了这套前院办大型刊物《文学季刊》以后，这个小去处居然成了一个小型的文人交流中心。正房朝南西头相连的平房向内开小门即面对一张大写字台，是靳以宝座。面对耳房开出来的一把变椅，是巴金的常座。他俩就隔桌看稿、谈话、评论。靳以在南开中学的旧同学，清华大学即将毕业的万家宝（曹禺）刚脱稿的《雷雨》由靳以搁在一个大抽屉里，首先被巴金发现，就决定交给《文学季刊》发表。当时除了不住这里的郑振铎，还在清华大学读书的万家宝和他未婚妻郑秀也常来此串门。清华研究生曹葆华，他善于敛财，靳以常常开玩笑，威胁他到东来顺请大家吃涮羊肉。靳以懂一点昆曲，常带几个住在东城的年轻朋友，以及还没有搬进景山东街北大女生宿舍，暂时住在西城她三姐夫沈从文家的张充和，雇几辆洋车去吉祥戏院或者前门广和楼戏院看北昆韩士昌、白云生昆曲戏班子演出。常常与北大救英文的英国少爵爷艾克敦面对紫色金字的帷幕上绣的一对古诗“不惜歌者苦，但伤知音稀”，共同做了活图解。由靳以护送几辆洋车浩浩荡荡穿城回家，我也几度参与了这个行列，至今回想起来还别有风味。当时萧乾还在燕火读书，他也经常到三座门十四号串门，也许因为他从小送牛奶出身，有善于跑腿即今日所说的“为人民服务”的美德。他为沈从文、杨振声办的天津大公报《文艺副刊》编辑文稿，编辑到我的一些译稿，还大大效劳了我一次。我平时只穿中服长衫，因为要在三、四月间去日本小住，定做了一套西服，准备在天津上船后穿。大家送我到北京东站时，我才想起西服忘记带上了。萧乾自告奋勇骑自行车赶回三座门代我取西服，及时赶到车站，大家松了一口气。靳以又想起托我到京都后为他选购一尊京人形送人。七月间我回到北京，当时华北形势紧张，我没有忘记带回一尊明丽的女京人形。靳以当时准备把《文学季刊》改在上海出版，我应邀到济南去教书，抓紧把靳以要的京人形带给了他。只是不清楚靳以最后把这尊京人形是否送给了他在上海将要结婚的朋友陶淑琼。这又成了一个值得怀念的悬案。后来想起黄裳见到不知从靳以手里还是从三座门的废纸篓里捡到的我的讽刺诗《春城》原稿，后来到香港投寄给《开卷》杂志影印出来，看起来比原稿还清楚。前几年黄裳从藏书里找出这份手稿寄给了我，但我却忘记放在哪里了。这也可以说明黄裳也曾经是三座门十四号生活的见证人。

巴金平时不苟言笑，只是有时和靳以互相开几句玩笑抬杠。我只有一次听他轻声朗诵几句新诗，却正是为了挖苦我而面对我朗诵《文学季刊》上发表的《春城》中的一段打油诗：

我是一只断线的风筝，
碰到了怎能不依恋柳梢头，
你是我的家，我的坟，

要看你飞花，飞满城，
任我的形容一天天消瘦。

使我感到特别荣幸。而这正是黄裳后来交给香港《开卷》杂志影印出来的那首诗。

这共同作成了三座门生活的绝响。

2000年5月7日于北京

爱阅读
学生精读版
★★★★★

课本里的作家

序号	作　家	作　品	年　级
1	金　波	金波经典美文：第一辑 树与喜鹊	一年级
2	金　波	金波经典美文：第二辑 阳光	
3	金　波	金波经典美文：第三辑 雨点儿	
4	夏辇生	雷宝宝敲天鼓	
5	夏辇生	妈妈，我爱您	
6	叶圣陶	小小的船	
7	张秋生	来自大自然的歌	
8	薛卫民	有鸟窝的树	
9	樊发稼	说话	
10	圣　野	太阳公公，你早！	
11	程宏明	比尾巴	
12	柯　岩	春天的消息	
13	窦　植	香水姑娘	
14	胡木仁	会走的鸟窝	
15	胡木仁	小鸟的家	
16	胡木仁	绿色娃娃	
17	金　波	金波经典童话：沙滩上的童话	二年级
18	金　波	金波经典美文：一起长大的玩具	
19	高洪波	高洪波诗歌：彩色的梦	
20	冰　波	孤独的小螃蟹	
21	冰　波	企鹅寄冰·大象的耳朵	
22	张秋生	妈妈睡了·称赞	
23	孙幼军	小柳树和小枣树	
24	吴　然	吴然精选集：五彩路	三年级
25	叶圣陶	荷花·爬山虎的脚	
26	张秋生	铺满金色巴掌的水泥道	
27	王一梅	书本里的蚂蚁	
28	张继楼	童年七彩水墨画	

序号	作家	作品	年级
29	张之路	影子	三年级
30	曹文轩	曹文轩经典小说：芦花鞋	四年级
31	高洪波	高洪波精选集：陀螺	
32	吴　然	吴然精选集：珍珠雨	
33	叶君健	海的女儿	
34	茅　盾	天窗	
35	梁晓声	慈母情深	五年级
36	陈慧瑛	美丽的足迹	
37	丰子恺	沙坪小屋的鹅	
38	郭沫若	向着乐园前进	
39	叶文玲	我的“长生果”	
40	金　波	金波诗歌：我们去看海	六年级
41	肖复兴	肖复兴精选集：阳光的两种用法	
42	臧克家	有的人——臧克家诗歌精粹	
43	梁　衡	遥远的美丽	
44	臧克家	说和做——臧克家散文精粹	七年级
45	郭沫若	煤中炉·太阳礼赞	
46	贺敬之	回延安	八年级
47	刘成章	刘成章散文集：安塞腰鼓	
48	叶圣陶	苏州园林	
49	茅　盾	白杨礼赞	
50	严文井	永久的生命	
51	吴伯箫	吴伯箫散文选：记一辆纺车	
52	梁　衡	母亲石	
53	汪曾祺	昆明的雨	
54	曹文轩	曹文轩经典小说：孤独之旅	九年级
55	艾　青	我爱这土地	
56	卞之琳	断章	
57	梁实秋	记梁任公先生的一次演讲	高中
58	艾　青	大堰河——我的保姆	
59	郭沫若	立在地球边上放号	